# 굿모닝, 책가방 편지

# 굿모닝, 책가방 편지
아이에게 배우며, 함께 자란 엄마의 사계절

**초 판 1쇄** 2025년 07월 22일

**지은이** 우정아
**펴낸이** 류종렬

**펴낸곳** 미다스북스
**본부장** 임종익
**편집장** 이다경, 김가영
**디자인** 임인영, 윤가희
**책임진행** 김요섭 이예나, 안채원, 김은진

**등록** 2001년 3월 21일 제2001-000040호
**주소** 서울시 마포구 양화로 133 서교타워 711호
**전화** 02) 322-7802~3
**팩스** 02) 6007-1845
**블로그** http://blog.naver.com/midasbooks
**전자주소** midasbooks@hanmail.net
**페이스북** https://www.facebook.com/midasbooks425
**인스타그램** https://www.instagram.com/midasbooks

© 우정아, 미다스북스 2025, *Printed in Korea*.

ISBN 979-11-7355-316-5 03810

값 **18,000원**

※ 파본은 구입하신 서점에서 교환해드립니다.
※ 이 책에 실린 모든 콘텐츠는 미다스북스가 저작권자와의 계약에 따라 발행한 것이므로 인용하시거나 참고하실 경우 반드시 본사의 허락을 받으셔야 합니다.

**미다스북스**는 다음세대에게 필요한 지혜와 교양을 생각합니다.

아이에게 배우며,
함께 자란 엄마의 사계절

우정아 지음

# 굿모닝, 책가방 편지

미다스북스

프롤로그

# 책가방에 담은 편지 한 장,
# 그 속의 마음

흰 눈이 펑펑 내리던 날, 첫아이가 태어났습니다. 드라마나 영화처럼 벅찬 감동이 오래도록 지속될 줄 알았지만 뚜렷한 가치관 없이 '엄마'가 된 제게 육아는 생각보다 훨씬 복잡하고 어려웠습니다. 어디에도 정답은 없었고 풀리지 않는 실타래처럼 답답했습니다. 그러던 어느 날, 무심코 흘려들었던 아이의 말이 또렷하게 들려왔습니다. 그날부터 아이들이 말을 받아 적었고 이야기로 만들어 등교하는 아이의 책가방에 넣어 주었습니다. 마음을 책가방에 넣어 주기 시작한 일은 어느새 열 해가 지났고, 한 권의 책으로 묶이게 되었네요.

돌아보면 아이들의 말 속에는 따뜻한 유머와 통찰력이 있었고, 마음과 마음을 이어주는 진심이 있었으며, 때로는 삶을 다시 바라보게 하는 깊은 깨달음이 있었습니다. 그리고 그 바탕에는 언제나 '사랑'이 있었습니다. 무엇 하나 자신 없던 서툰 엄마였지만, 아이들 덕분에 저는 더 나은 사람이 되고 싶어졌고, 살아갈 이유를 배워갑니다. 말없이 기다려주고 함께 견뎌준 남편에게도 고마움을 전합니다. 조용한 응원과 믿음이 없었다면 이야기는 완성되지 못했을 것입니다. 그리고 무조건적인 사랑으로 저를 키워주신 부모님. 아이를 키우며 비로소 알게 된 부모님의 마음이 이야기의 모든 시작이었음에 감사한 마음을 전합니다.

긴 여정을 기록한 작은 고백입니다. 글을 읽는 당신에게도 아이와 나눈 소중한 순간들, 따뜻했던 말 한마디가 떠오르기를 바랍니다. 기억의 끝에 혹시, 오늘도 말로 다 전하지 못한 마음이 있다면 작은 편지 한 장에 담아보는 건 어떨까요. 책가방 속 그 한 장이, 누군가의 하루를 환히 밝혀줄지 모릅니다. 제가 그랬듯이요.

"주말마다 나들이가 기다려지는 봄을 지나

훌훌 떠나는 여행을 다녀오는 여름도

함께 산책하기 좋은 가을을 지나

서로를 따뜻하게 안아주고픈 겨울

그렇게 사계절동안

아이의 책가방에 나누었던 매일의 인사"

프롤로그 004

**봄 편지** | 두근두근, 피어나는 새싹 마음

사랑 나누기 014 | 배려의 시작 015 | 현충일의 의미 016 | 나만 아는 '나' 017 | 관찰의 놀라운 힘 018 | 이루어지게 하는 힘센 말 019 | 쉼표의 중요함 020 | 비밀번호는 너의 미소 022 | 자연을 사랑하기 023 | 입꼬리에 숨겨진 비밀 024 | 사랑이 깊어지는 가을밤 025 | 끝까지 잘 듣기 026 | 인기의 필승 카드 027 | 인성에 뜬 무지개 028 | 동심 잃지 않는 어른 029 | 신기한 운의 법칙 030 | 정리정돈의 힘 032 | 평생 고민해야 할 문제 033 | 내공 가득 겸손한 민규 곰 034 | 살맛 나는 인생 035 | 누나 복 036 | 바른 판단 바른 민규 037 | 좋은 점을 보는 마법 038 | 냄새로 추억 소환 039 | 걸려든 레이더망 041

봄_책가방 속, 피기 시작한 봄 042

○ 목차

**여름 편지** | 뜨거운 햇살 아래 쑥쑥 자라는 아이들

잊지 못할 집 여행 054 | 공부보다 정서지능 055 | 배움을 즐기면 맑음 056 | 연두가 연두였을 때 057 | 잔소리와 잘했어 058 | 증인 이후 변화된 너 060 | 무더위를 잊는 방법 062 | 네 안에 있는 답 064 | 좋은 선물이란 066 | 여행의 교훈 068 | 숫자 13도 너도 나도 다 소중해 069 | 고비 넘고 또 고비 070 | 기억의 원리 071 | 우리가 정든 이유 072 | 어쩐지 슬픈 말, 둥글다 073 | 겸손과 센스 074 | 작은 것이 가장 큰 것 075 | 주위를 밝히는 촛불 077 | 혼자 하는 힘 079 | 먼 훗날 알게 될 것들 080 | 돈, 어떻게 쓸 것인가 081 | 화의 깨달음과 실천 082 | 가치 있는 것들 083 | 독서 왕들에게 독서란 084 | 나를 믿는 힘 086

**여름**_다투고 껴안으며 영글어진 여름 088

**가을 편지** | 천천히 익어가는 열매처럼 깊어지는 시간

참을성 상 100 | 인디언들의 기우제처럼 101 | 누구에게나 86400초 102 | 젤리 같은 응원 103 | 마스터 반으로 가는 길 104 | 기적을 만드는 재료들 105 | 매일 피는 행복 나뭇잎 106 | 노력의 경험 107 | 바꿀 수 있는 현재와 미래 108 | 싫은 일부터 눈 딱 감고! 109 | 험담은 불량 접착제 111 | 엄마의 꿈 112 | 매순간의 떨림 113 | 자신만의 결 114 | 영원한 응원단장 115 | 재미있는 계산 116 | 아빠라는 꽃밭 117 | 나를 닦고 다스리기 118 | 멋진 일기 119 | 지치지 않는 사자 121 | '나'를 알면 생기는 굳건함 122 | 놀라움으로 가득한 wonderful! 123 | 역지사지 124 | 과정 속 성장하기 125 | 결국은 일상으로 127

가을_말은 흘러가도, 마음이 남은 가을 128

| **겨울 편지** | 고요한 눈 속, 따뜻해지는 우리들

상상 속의 두려움 140 | 도미노의 교훈 142 | 행동이 예쁜 사람 144 | 최선을 알아봐주기 146 | 무료입장권 감사 147 | 날 좋게만 바꾸는 사람 148 | best of best 우리 딸 149 | 놀고 싶어! 150 | 사회자의 품격 151 | 빛나는 별, 성실 152 | 고요한 기쁨 154 | 좋은 운 부르는 얼굴 155 | 집으로 돌아가는 길 157 | 자유롭게 날길! 158 | 믿음의 깊이 159 | 미소와 인생 161 | 운동회에서 발견한 보물 163 | 우리 집이 화목한 비밀 165 | 수많은 반듯한 선 166 | 나이만큼의 좋은 점 167 | 도움 주고 싶은 사람 169 | 오늘이 오래 기억될 이유 170 | 감동으로 저물어 가는 오늘 171 | 끈기, 신용, 배려 왕 172 | 설레는 오늘 173

"새로운 시작,
피어나는 꽃처럼 봄이 오고 있다."

# 봄 편지

두근두근,
피어나는 새싹 마음

## 사랑 나누기

어떻게 보면 푸른초등학교에서 엄마로부터 사랑의 편지를 제일 많이 받아보는 학생이 예진이일지도 몰라. 그렇다면 너 역시 그만큼 사랑을 나누어 주려고 애써야 한다. 항상 나누어 먹고 나누어 주고 사람의 마음을 배려할 줄 알아야겠지.

내 사랑 예진이.
언제나 사랑이 충만하면서 씩씩한 사람으로 성장하길 바라는 마음 담아.

---

2016. 4. 28

## 배려의 시작

지난 금요일 저녁이었나? 밥을 먹으며 투정을 부리는 민규를 한참 바라보다가 엄마를 또 한참 바라보던 예진이. 엄마가 참고 있어 속상하겠다고 말했던 걸 보니 타인을 배려할 줄 아는 아이가 되어가고 있구나.

다 컸어. 우리 강아지♡

오늘 학교에 가거든 친구의 입장에서도 그렇게 생각해 보렴. 더 나아가 나무의 입장에서도 다른 사물들의 입장에서도 생각하다 보면 내 사랑 예진이 어느새 훌쩍 훌륭한 어른이 되어 있겠지.

---

2016. 5. 17

## 현충일의 의미

6월 6일 캠핑을 가고, 놀이동산 가고, 노느라고 현충일의 의미를 생각해보지도 못하고 지나가버렸구나.

현충일: 국토방위에 목숨을 바친 이의 충성을 기념하는 날.

우리가 편안하게 잘살 수 있는 건 죽음을 불사한 그분들의 용기와 희생 덕분이지 그냥 얻어진 게 아니야. 감사함을 절대로 잊어서는 안 되고, 그분들의 몫까지 열심히 살아야 해!
바르고 맑은 정신으로!

---

2016. 6. 7

## 나만 아는 '나'


   세상을 살며 제일 중요한 것이 무엇일까? 바로 '나와의 대화'란다.

   나는 무엇을 하고 싶은가.

   나는 왜 공부하는가.

   나는 무엇을 할 때 가장 행복한가.

   나는 누구인가.

   나는 무엇을 좋아하는가.

   나는 어떤 사람이 되기를 원하는가.

   이 세상에 단 한 명뿐인 조예진에 대해서 가장 잘 아는 건 '너뿐이야. 그 누구도 너 자신보다 널 잘 아는 사람은 없거든. 너만 아는 너라는 어떤 느낌, 그 느낌을 잘 아는 사람만이 좋은 삶을 살 수 있는 법이지. 이런 질문을 자신에게 끊임없이 던지고 답을 찾아가며 좋은 인생을 살길 바랄 뿐이구나.

2016. 10. 12

## 관찰의 놀라운 힘

 어제 본 놀랍던 민규의 수영 실력. 우와~ 수영을 갑자기 잘하게 된 비결을 엄마에게 살짝 알려주었는데, 바로 옆 레인의 잘하는 아이를 자세히 관찰했다는 것. 하하!

 한 시인이 어린 딸에게 부탁을 했대. 착한사람, 공부 잘하는 사람이 아니라, 관찰을 잘 하는 사람이 되라고. 겨울 창가의 양파는 어떻게 뿌리내리며 사람들은 언제 웃고 언제 우는지를 살펴보라고. 오늘 학교에 가서는 연필을 안 챙겨온 아이가 누구인지 살펴서 나누어 주기도 하라고 말이야.

 민규가 유심히 무언가를 관찰할 때 나오는 특유의 표정이 있는데 그 표정 너무 사랑스럽고 귀여워. 딱 그 표정으로 학교에서 소외된 친구가 있는지 관찰하고 따뜻하게 말 걸어 주렴.

2017. 4. 13

## 이루어지게 하는 힘센 말

엄마를 가장 깜짝 놀라게 하는 예진이의 말 "망했어요."

습관적으로나 반복적으로 또는 그냥 아무 생각 없이 하는 말들이 모두 뇌리에 기억되어 사고력을 형성하게 되는 법. 그래서 '말의 힘!', '생각의 힘!'은 놀라울 정도로 세단다. 매사 열심히 노력하는 내 사랑 예진이가 어제 망했다고 말하는 것이 정말 이상했어.

'대단한 조예진'이 못할 건 없지. 안 그러니?
예진아, 잊지 마. 말하는 대로 이루어진다는 것.

2017. 12. 28

## 쉼표의 중요함

피아노 학원에 다녀올 때면 싱글싱글 웃는 예진이, 이론 수업이 재미있다는 이유. 우와~ 예진이 덕분에 엄마도 기분이 좋아져서 오랜만에 피아노를 치려고, 악보를 펼쳤는데 악보를 자세히 보니 음표만큼의 쉼표가 있더라.

쉼표, 숫자 9를 닮은 쉼표.

1에서 9까지 열심히 달려왔다면 10으로 넘어가기 전 잠시 쉬어 가라는 뜻. 9에서도 잠시 머물러 있지 않고 10, 11로 허겁지겁 달려가는 사람은 12를 구경하지도 못해 보고 지쳐 주저앉고 마는 법. 쉼표, 휴식에 인색하지 않는 쉼표를 찍을 줄 아는 사람이길 바란다.

그런 예진이라면 긴 인생의 마침표까지도 멋있게 찍을 수 있을 테니까.

2018. 5. 8

## 비밀번호는 너의 미소

방금, 사랑하는 나의 딸.

조예진 님의 통장으로 행복을 송금했어요.

힘들 때 인출해서 쓰세요!

비밀번호는 당신의 웃음.

예진이의 미소.

2019. 3. 15

## 자연을 사랑하기

정읍 시골 집에는 자주 벌레가 들어왔는데, 그때마다 할아버지께서 조심히 잘 잡아서 "잘 살아라." 하고 바깥으로 날려 보내주셨어. 어제 우리 집에 벌레가 들어왔고 엄마가 하던 것을 언제 봤는지 예진이도 똑같이 하더라.

예진아! 너는 이제 벌레들의 은인이 된 거란다. 그렇게 잠자리도 놓아주고, 나무도 꽃도 보살펴주며 자연을 사랑하게 되면 자연은 너를 기억 하고 그 은혜를 꼭 갚을 거야. 그것은 세상의 이치.

벌써 또 월요일이구나.
이번 주도 힘내봐!

2019. 7. 15

## 입꼬리에 숨겨진 비밀

한 달에 한 번씩 열리는 우리 집 만의 전통 행사. 우기기 콘테스트와 요리 콘테스트에 이어 이번 달은 입꼬리 콘테스트가 열렸구나. 그리고 준우승에 빛나는 민규♡

볼살의 근육이 만들어지는 어린 시절에 볼살 근육을 자주 사용하면 입꼬리가 올라가게 된다는 구나. 화목한 가정에서 자주 웃고 자라면 입꼬리가 또 올라가고, 그렇게 입꼬리가 올라가면 좋은 인상이 된대. 그렇게 생긴 좋은 인상은 행운을 불러오는 선순환.

우리 민규의 얼굴 속에 살고 있는 볼살 근육과 입꼬리 올리는 병정들아~
더욱 힘내라 파이팅! 파이팅!

2019. 9. 18

## 사랑이 깊어지는 가을밤

요즘 예진이가 가장 많이 하는 말.
"그럴 수 있어. 그럴 수 있지."

인도인들은 어떤 경우에도 "No problem."을 외친대. 문제없다는 말을 하루 100번 정도 한다는구나. 그래서 당연하게도 허용 범위가 넓어. 민규에게 아빠에게 친구들에게 그럴 수 있다고 자주 외칠수록 이해가 넓어지는 법! 사랑이 깊어지는 법!

이 가을밤이 깊어지듯이 그렇게…….

2019. 9. 25

## 끝까지 잘 듣기

　어제 저녁을 먹으며 민규가 신나서 합기도 이야기를 할 때, 예진이는 관심분야가 아님에도 정말 열심히 듣더라. 내 사랑처럼 잘 듣는 사람은 훗날, 지식이 풍부할 뿐만 아니라 지혜로울 수밖에 없지. 그렇지♡ 아주 훌륭해!

　노벨 평화상을 받은 '마더 테레사' 수녀님 알고 있지? 그분이 말씀하셨대. "내가 한 일은 사람들이 내게 와서 무언가 말할 때 처음부터 끝까지 들어준 것뿐이에요."

　잘 듣는 것.
　내 사랑 예진이의 놀라운 재능이야.

2019. 11. 29

## 인기의 필승 카드

요즘, 친구들과 끝말잇기 놀이를 자주 한다던 내 사랑 예진이. 오늘 편지에는 끝말잇기의 필승카드를 살짝 알려 줄게.

'가뭄, 기쁨, 과녁'

하하하! 그렇다면 인기의 필승카드는?
"친구의 좋은 점을 다른 친구에게 칭찬하기."
하루 한 번씩 실천한다면 인기 많은 예진이가 될 거야.

---

2020. 11. 11

## 인성에 뜬 무지개

가족들에게 부드럽게 말하려고 노력하는 내 사랑 예진이 한다면 하는구나. 굉장해.

예쁘게 말하고,
예쁜 마음 씀씀이 보여주고,
상대방 입장에서 배려하고,
스스로 알아서 해야 할 일하는,
이것이야말로 '인성'이 좋다고 할 수 있지.

금방 끝날 것 같은 코로나가 여전히 기승이라 여행도, 일상생활도 못하는 게 많지만, 그동안 좋은 인성을 키우면서 잘 견뎌보자. 비 온 후 무지개가 생기듯이 좋은 일이 오겠지.

2022. 12. 22

## 동심 잃지 않는 어른

2020년 크리스마스, 아름다운 흰 눈이 가득했던 화이트 크리스마스♡ 많은 눈에도 산타 할아버지는 올해도 늦지 않고 다녀가셨구나. 민규가 그랬어. 엄마는 절대로 산타 할아버지가 아니라고. 산타 할아버지라고 하기엔 너무 예쁘다고. 하하. 그럼~ 엄마는 산타가 아니지.

어른이 된다는 것. 철이 든다는 것.

눈에 보이지 않는 걸 상상하고 믿는 힘을 잃어가는 것일지도 모른다는 생각이 들어. 어쩐지 좀 슬프지. 내 사랑 예진이는 상상하고 꿈꾸는 그런 동심을 잃지 않는 어른이 되길 바라본다.

---

2020. 12. 25

## 신기한 운의 법칙

지난주 제주도 여행♡ 가는 길에 비행기 창문으로 함께 본 몽글몽글 예쁜 구름. 보자마자 미소가 사르르 지어지는, 잘 피어올라 뚝 떨어져 나온 구름.

사랑스러운 구름을 보며 오늘도 왠지 운빨이 좋겠다고 생각했는데 세상에~ 제주도에 도착하니 예약한 방이 수리 중이라며 야외 수영장까지 있는 판타스틱 96평 숙소로 무료 업그레이드! 무척 행복해하면서도 좋은 운을 이런 곳에 다 써버리면 어쩌지 걱정하던 귀여운 내 딸. 하하하. 예진아 걱정하지 마.

운은 스스로 좋다고 생각하는 사람에게 더 크고 자주 오는 법이니까! 매일 나는 운이 좋다고 머릿속으로 마음속으로 되뇌어 보면 운은 우리가 봤던 사랑스러운 구름보다 더 커질 테니까. 이번에도 참 즐거운 여행이었어. 운 좋은 너희들과 함께한 덕분이겠지. 고마워요.

2021. 1. 23

## 정리정돈의 힘

우와~ 몰라보게 깨끗해진 민규의 방.

정리: 불필요한 물건 줄이기.

정돈: 물건의 자리를 정해주고 늘 제자리에 두기.

정리정돈 잘하는 사람은 불 꺼진 캄캄한 방에서도 물건을 찾을 수 있어. 그러면 물건 찾느라 허비되는 시간도 벌 수 있고 나아가 마음까지도 깨끗해지겠지.

오늘 민규의 방처럼 말이야.

---

2021. 2. 17

## 평생 고민해야 할 문제

　보글보글 찌개가 끓는 소리. 세탁기가 돌아가는 소리. 그 사이로 너희들의 사각사각 연필소리가 들리는 고요하고 평화로운 아침이구나. 문제를 풀고 있는 애들아. 이런 문제도 있어.

　평생을 계속, 계속 생각해야 되는 문제.
　그래도 생각하는 걸 포기하면 안 되는 문제.
　그런데 정답이 없는 문제.

　오늘 편지는 좀 철학적이지? 6학년 새 학기 첫 날.
　예진이에게 부탁하고 싶은 것은 '깊게 생각해보기, 더 깊게 사고해보기.'란다.

---

2021. 3. 2

## 내공 가득 겸손한 민규 곰

 며칠 전, 너희 둘이 캐나다에서 있었던 일을 함께 추억하더라. 우리가 럼블잭 쇼가 있던 곳에서 봤던 곰♡ 생각나니?

 곰은 느린 척 미련한 척하지만 실은 나무도 잘 타고 헤엄도 잘 치고 땅 파는 일도 잘하잖아. 굼뜬 동작은 전략! 다른 동물들의 경계를 느슨하게 하려는 전략! 상대방에게 나를 다 보여주고 자랑하는 것은 전략 중 가장 낮은 전략인걸 아는 곰.

 민규의 3학년 새 학기 첫날, 내공으로 꽉 차 있지만 '겸손'한 민규를 부탁해본다. 선생님과 눈 잘 마주치기는 작년처럼만 하면 걱정 없구나.

---

2021. 3. 4

## 살맛나는 인생

해야 할 일이 끝이 없다고 느껴지곤 하는 엄마의 삶이 때론 지치고 힘들어도 "엄마, 힘내세요."라는 너의 문자와 어깨를 주물러주는 너의 따뜻한 손. 그리고 "오늘 하루 수고 많았어요."라고 꼭! 안아 주는 마음 덕분에 참 살맛나는 인생이구나.

고맙다 예진아!

2021. 3. 4

## 누나 복

누나.

- 💌 요즘 민규가 자주 흥얼거리는 팝송 <댄스 몽키> 영어 가사를 프린트해서 슬며시 네 책상에 놓아주는 누나.
- 💌 에그 타르트를 좋아하는 네가 먹다 남긴 것을 랩 씌워놓는 누나.
- 💌 숙제 안 한 7명에 들어간 동생에게 "민규야! 열심히 해야지."라며 메론맛 좀비 사탕을 꺼내 주는 누나.

누나. 그런 누나. 아무리 봐도 내 사랑 조 신사는 복이 참 많구나.

2021. 3. 25

## 바른 판단 바른 민규

 어제 그 사건. 동네 형들과 놀다가 푸르지오 아파트 정원의 의자 다리를 부러트린 사건. 무서운 마음이 들었을 텐데 경비실로 찾아가 정직하게 사실을 말했고 죄송하다고 진심으로 사과했지. 다음부터는 조심하겠다는 다짐에, 의자 값이 많이 나오면 제 용돈으로 배상하겠다는 생각까지. 물론 잘못은 했지만, 경비아저씨도 민규의 태도를 칭찬할 만큼, 뒤따르는 행동은 참 민규답게 멋지다고 느꼈어.

 살아가면서 수많은 일이 일어나겠지만 이번 일처럼 매사 바른 판단의 바른 민규이길!
 듬직해 우리 민규.

2021. 3. 26

## 좋은 점을 보는 마법

 엄마가 요즘 민규와 사이좋게 잘 지내는 이유♡ 예진이의 말 속에 숨겨져 있지. "민규가 왜 그럴까?"는 말을 묵묵히 듣고 있던 너의 대답.

 "엄마는 지금 화가 나서 민규의 안 좋은 면만 생각날 걸요. 민규요. 좋은 점이 얼마나 많은데요."

 와 정말 놀랐어.
 맞아. 맞아. 맞아.
 그날 이후 민규의 좋은 점만 보이더라.
 고마워. 우리 딸 최고!

---

2021. 3. 27

## 냄새로 추억 소환

- 우리가 꼭 끌어안기를 하며 맡아지는 냄새.

- 가을 들녘 벼 익어가는 냄새.

- 덜컹거리는 힌둥 할아버지의 덜컹 자동차 검은 연기 냄새.

- 뉴질랜드 핫 워터비치의 바다냄새.

- 도서관의 책 냄새.

- 개똥과 소똥, 고양이 똥과 거름 냄새.

- 손 씻고 난 후 비누 냄새.

- 강원도 할머니가 만드시는 맛있는 전 냄새.

- 내장산에서 마시는 황차 냄새.

- 캠핑장의 모닥불 냄새.

- 이집트 왕가의 계곡 무덤 냄새.

- 칙~ 소리와 함께 나는 새 밥 냄새.

- 우리 집 앞 산책로의 냇물 냄새.

추억은 냄새로 떠오를 때도 많더라. 멋진 아들과 함께한 좋은 추억들. 참 좋다!

2021. 3. 28

## 걸려든 레이더망

<엄마의 레이더망>이라는 예진이의 일기 재미있더라. 엄마가 힘들었나 보다고 시작되는 첫 문장에 위로가 되었고, 민규의 짜증에 엄마의 벌컥 화와 엄청난 신경질. 결국 예진이까지도 레이더망에 걸려 들어버렸다는 내용. 하하하. 둘 다 똑같다고 소리치는 엄마 때문에 무척 억울했지만 꾹 참았다는 예진이. 아……(점점점점점)

우리 딸 이런 엄마한테 자라느라고 아주 수고가 많구나.
그 틈에서 바르고 훌륭하게 자라주니 얼마나 고마운지 몰라.

---

2021. 3. 29

# 봄
## 책가방 속, 피기 시작한 봄

18년 전, 신혼여행에서 있었던 일이다. 울창한 숲 곳곳에 아름다운 명소가 숨어 있다는 말을 듣고, 우리는 설레는 마음으로 차를 렌트했다. 경치에 감탄하며 들뜬 마음으로 출발했고 차가 겨우 두 대 지나갈 수 있을 만큼 좁은 2차선 도로를 따라 조심스레 달렸다. 그런데 갑자기 '퍽' 하는 소리가 들렸다. 험한 길에서 튄 자갈이 차체를 건드렸나 싶어 대수롭지 않게 넘겼지만, 잠시 뒤 차 한 대가 우리 앞에 멈추어 섰다. 차에서 내린 사람들은 다짜고짜 우리를 뺑소니 범으로 몰아세웠다. 부서진 백미러는 스스로 수리하겠다며 300달러를 요구했다. 억울했지만 낯선 땅에서 더 큰 문제가 생기는 일을 피하고 싶어, 서둘러 요구한 돈을 건네고 그 자리를 빠져나왔다. 속은 것 같아 기분이 나쁘면서도, 묘하게 시원한 마음도 들었다. '처음' 온 곳이니까. 이제 막 여행을 '시작'했으니까. 실수쯤은 할 수도 있지, 남은 일정은 기분 좋게 보내고 싶었다.

'처음'이란, 누구에게나 그런 것 같다.

아이를 낳고 키우는 일, 내게 '처음'이었다. 낯선 여행지의 첫 아침처럼 설렘과 두려움이 뒤섞여 있었다. 앞으로 어떤 날들이 펼쳐질지 알 수 없었지만, 새로운 세상을 만나게 된다는 기대감에 가슴이 뛰었다. 하지만 함께 울고 웃는 시간이 쌓일수록, 낯선 여행지에서 마주했던 뜻밖의 사건들처럼 예기치 못한 일들이 반복되었다. 초보 엄마로서 느끼는 부족함과 서투름, 그 모든 실수들을 감추기보다 솔직하게 전하고 싶었다. "나도 잘 모르지만, 우리 같이 지내보자." 그 마음을 편지에 담아 아이의 책가방 속에 넣기 시작했던 날, 봄이 피어오르기 시작했다.

사랑하는 예진

♪ 세상을 살며 제일 중요한 것이 무엇일까?
바로 '나와의 대화'란다!
「나 - 나는 무엇을 하고 싶은가
나는 왜 공부하는가
나는 무엇을 할 때 가장 행복한가
나는 누구인가
나는 무엇을 좋아하는가
나는 어떤사람이 되기를 원하는가」
이 세상에 단 한명뿐인 '조예진'에 대해서
가장 잘 아는건 '너'란다. 그 누구도 너 자신보다
널 잘 아는 사람은 없거든. 너인 것이 어떤
느낌인지는 아무도 몰라. 그리고 그 느낌을
잘 아는 사람만이! 좋은 삶을 살 수 있는 법!
이런 질문을 자신에게 끊임없이 던지며 답을
찾으며. 내사랑 예진이가 좋은 삶을 살길 바란다♡

- 2016.10.12 -

### 사랑하는 민규

어제 본 놀랍던 민규의 수영실력. 우와~ 수영을 '갑자기'
잘 하게 된 비결을 엄마에게 살짝 알려주었는데. 옆레일의
잘 하는 아이를 자세히 관찰했다는것. 하하!
한 시인이 어린 딸에게 부탁했대.
착한 사람도, 공부 잘 하는 사람도 다 말고,
관찰 잘 하는 사람이 되라고. 겨울창가의 양파는 어떻게
뿌리내리며 사람들은 언제 웃고 언제 우는지를,
오늘은 학교에 가서 연필을 안 챙겨온 아이가 누군지
살펴서 나누어 주기도 하라고 말이야.
내사랑 민규. 민규가 유심히 무언가를 관찰할 때 나오는
특유의 표정이 있는데
엄마는 그 표정이 그렇게나 사랑스러울 수가 없더라.
그 표정으로 오늘 학교에서 소외된 친구가 있는지 관찰하고
따뜻하게 말 걸어주렴

- 2017. 4. 13 -

# TOY STORY

사랑하는 민규

"입꼬리콘테스트" 준우승에 빛나는
민규♡ 볼살근육이 만들어지는
어린시절에 볼살을 자주 사용하면
입꼬리가 올라가게 된다는구나
화목한 가정에서 자주 웃고 자라면
입꼬리가 또 올라가고, 그렇게
입꼬리가 올라가면~
좋은 인상이 된대!
그러면! 좋은 인상은 행운을 불러오고!
우리민규의 얼굴속에 살고 있는
볼살근육과
입꼬리올리는
병정들아~
더욱 힘내라
화이팅! 화이팅!!
- 2019.9.18

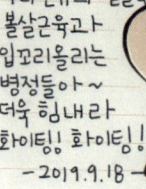

### 사랑하는 예진

2020년 크리스마스.
아름다운 흰눈이 가득했던 화이트 크리스마스♡
않은 눈에도 산타할아버지는 올해도 늦지않고
다녀가셨구나 등등등 민규가 그랬어. 엄마는
절대로 산타할아버지가 아니라고. 산타
할아버지라고 하기엔 너무 예쁘다고. 하하
그럼그럼~ 엄마는 산타가 아니지.
어른이 된다는 것. 철이 든다는 것.
눈에 보이지 않는 걸 상상하고 믿는 힘을
잃어가는 것일지도 모른다는 생각이 들어
어쩐지 좀 슬프지. 내사랑 예진이는
상상하고 꿈꾸는 그런 동심.
잃지않는 어른이 되길 바래본다.

-2020.12.25-

사랑하는 예진

지난주 제주도 여행 ♥
가는 길에 비행기 창문으로 함께 본 몽글몽글 예쁜
구름. 보자마자 미소가 사르르 지어지는. 잘 피어올라
뚝 떨어져 나온 구름. 사랑스러운 구름을 보며 오늘도
왠지 운빨이 좋겠다 생각했는데
세상에~ 제주도 숙소에 도착하니 예약한 방이
수리중이라며 야외수영장까지 있는 판타스틱 96평
숙소로 무료 업그레이드! 무척 행복해하면서도
좋은 운을 이런곳에 다 써버리면 어쩌지 걱정하던
귀여운 내 딸. 하하하
예진아. 걱정하지마
운은 스스로 좋다고 생각하는 사람에게 더 크고
자주 오는 법이니까.
매일 나는 운이 좋다고 머릿속으로 마음속으로
되뇌여보면 운은 우리가 봤던 사랑스러운 구름보다
더 커질테니까! 너희와 함께 한 덕분에 즐거운
여행이었어. 역시! 엄마는 운이 좋구나!

-2021.1.23-

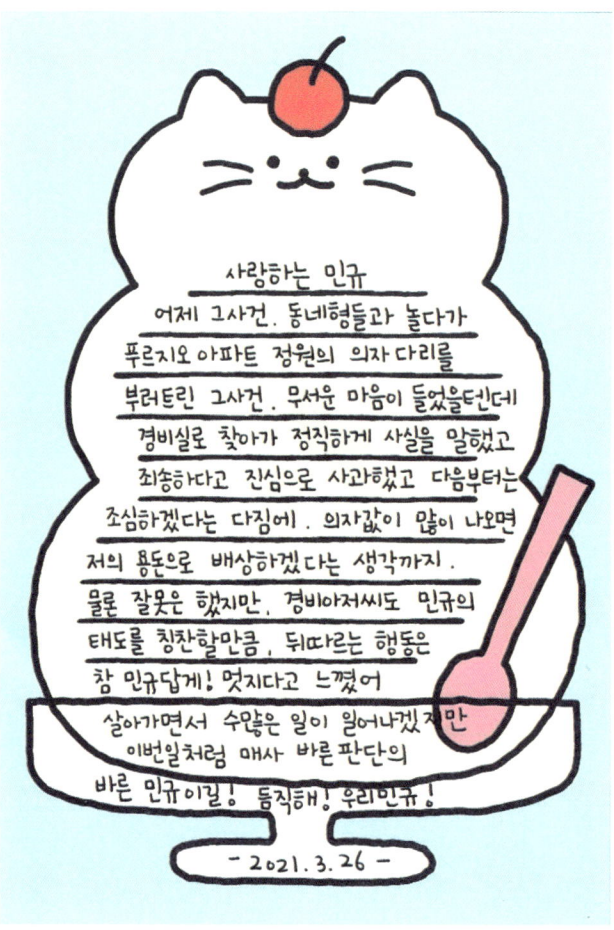

사랑하는 예진

엄마가 요즘 민규와 사이좋게 잘
지내는 이유 ♡
예진이의 말 속에 숨겨져있지
'민규가 왜 그럴까?' 라는 말을 묵묵히
듣고있던 너의 대답
"엄마는 지금 화가 나서 민규의 안 좋은면만
생각날껄요. 민규요. 좋은점이 얼마나 많은데요"
와- 정말 놀랐어.
맞아. 맞아. 맞아.....
엄마는 그날 이후 민규의 좋은점만
보이더라. 고마워. 우리딸 최고!

-2021. 3. 27-

사랑하는 예진
"엄마의 레이더망"이라는 예진이의 일기
재미있더라. 엄마가 힘들었나 보다고
시작되는 첫문장에 위로가 되었고,
민규의 짜증에 엄마의 벌컥화와
엄청난 신경질. 결국 예진이까지도
레이더망에 걸려들어버렸다는 내용. 하하하
둘다 똑같다고 소리치는 엄마때문에
무척 억울했지만 꾹 참았다는 내 딸
아....... (점점점점점)
우리 딸 이런 엄마한테 자라느라고
아주 수고가 많구나. 그 틈에서 바르고
훌륭하게 자라주어 많이 고마워! -2021.3.29-

*everything will be okay*

"무더운 여름, 여름아이는 푹푹 자란다.
송알송알 포도송이가 영글듯이 여물어간다."

# 여름 편지

뜨거운 햇살 아래
쑥쑥 자라는 아이들

## 잊지 못할 집 여행

보통을 여행을 가고, 새로운 곳에 가야지만 즐겁고 재미있는 추억이 쌓인다는 생각을 하곤 하는데 바람이 무척 차가웠던 그날. 민규 덕분에 생각이 바뀌었어.

너의 초대를 받아 누나와 셋이서 너의 침대에 쪼르르 누웠던 그날.

활짝 열린 창문 사이로 칼바람이 불고 있었고 민규의 침대는 온수매트로 따끈따끈 데워져 있었던 그날. 셋이서 얼굴만 쏙 내밀고 포근한 이불은 덮고 가만히 누워 있었을 뿐이었는데 세상에나 뉴질랜드 마우이 마을 옆에 별 쏟아지던 노천탕보다도 좋더라.

참 낭만적인 내 사랑 민규 덕분에 오늘도 좋은 추억을 쌓았구나.

고마워 아들.

2021. 3. 31

## 공부보다 정서지능

학교에서 검사한 정서지능 중 가족만족도 95.5점!

우와~ 감동. 더욱 감동인 건 "저는 우리 가족이 정말로 좋아요. 점수로 매길 수 없을 만큼요."라는 말. 세상에나♡ 그리고 이어진 말 "근데 제가 후하게 점수 준 것도 있으니 제게 고마워해야 해요. 하하하."

우리를 후하게 바라봐주고 좋은 점수 주는 좋은 사람 예진이. 너의 인정을 받으니 더 좋은 사람, 더 나은 사람이 되어야겠다고 마음먹어지는구나. 검사 결과지의 행복도, 자기만족도도 아주 높은 내 딸은 인생도 잘 살아갈 거야.

아무 걱정 말고 전진해!

2021. 4. 10

## 배움을 즐기면 맑음

우쿨렐레도, 과학 실험도 신나고 영어, 수학도 잼 있고, 체스도, 축구도 즐겁고, 책읽기도 행복하다는 민규의 말. 싫어하는 건 무엇이냐는 질문에는 "배우지 않는 거요."라는 대답. 우와~ 정말 멋지구나♡

많은 것이 빠르게 변화하는 세상. 이 세상 속에서 배우는 것을 멈추지 않는 민규라서 어제의 민규보다 오늘의 민규는 앞으로 나아갈 것이고, 나아가 민규 인생은 반짝반짝 '맑음'이구나.

내일도 모레도 맑은 날이길.

2021. 5. 11

## 연두가 연두였을 때

지난 주말, 가족이 함께한 등산 정말 좋더라. "어떻게 이렇게 예쁠 수가 있어요."라며 연신 사진을 찍던 내 사랑 예진이.

"연두가 초록으로 넘어가기 전. 연두의 눈에 푸르게 불이 들어오기 전에 연두가 연두일 때, 연두가 연두였다는 것을 잊어버리기 전에 오늘 연두와 오래도록 눈을 맞추자."는 어느 시인의 시처럼 오늘 엄마는 깊은 산속에서 13살 예진이가 13살 예진이었다는 사실을 잊어버리기 전, 어른 예진이로 넘어 가버리기 전에 오래 눈을 마주치겠다고 다짐했지.

사랑한다 딸.

2021. 5. 25

## 잔소리와 잘했어

잔소리: 듣는 사람도 자신도 너무 잘 알고 있는 맞는 말이 반복된다는 점에서 사람을 짜증나게 한다.

오늘도 엄마는 "할 일 빨리 해야지."라는 잔소리를 해버렸네. 가만히 듣던 민규. "엄마, 편지에는 '잘했어, 잘했어.'만 적어주세요. 하하."

💌 민규의 노력하면 잘한다는 성장 마인드 셋.
누나에게 친구를 경쟁상대로 삼지 말고 누나가 누나를 이기라고. 이전의 나보다 잘하면 되는 거라는 응원의 말.

💌 친구 험담을 안 하는 민규.
오늘도 여러 친구의 좋은 점만 들려주더라.

💌 따뜻한 마음을 가진 민규.
수학 학원 1학년 꼬마가 백 점을 맞고도, 당연하다며 화내는 엄마의 반응에 시무룩해진 걸 보고 다가가서 '넌 정말 잘한 거야.'라고 말해주고 싶었다는 이야기.

💗 늘 즐겁고 자주 행복한 민규.

　　오늘도 여러 번 자주 웃고 있던 민규.


잘했어 잘했어 우리 민규♡

엄마의 '잘했어.'보다 좋은 건 민규 스스로의 '잘했어.'라는 거!

기억해 줘!

---

2021. 6. 21

## 증인 이후 변화된 너

 벌써 작년 이맘때 구나. 동네 형들의 싸움 "너는 공부도 못하쥬. 친구도 없쥬. 아무것도 못하는 병신이쥬."라는 놀림과 비아냥거림에 화가 나 친구 머리를 막대기로 가격한 사건. 사건은 커져서 학교폭력위원회에 회부되었고, 그 자리에 있던 민규가 증인으로 결정된 일. 그리고 괴롭히던 형들 중 한 명의 엄마가 그들에게 유리한 진술을 강요했음에도 당당하고 정확하게 진실을 말하던 멋진 민규♡

 증인이 된 이후 민규는 달라졌어. 무슨 일이든 눈을 크게 뜨고 귀는 활짝 열어 신중히 행동하고 판단하더라. 그래서일까. 친구와 다툼도 없어졌어. 신기해서 물어보니 "누구나 이상한 면과 좋은 면을 같이 가지고 있으니 이해하면 싸움이 없죠."라는 놀라운 큰마음!

우리 민규 인품이 더 좋아지고 마음이 탄탄해졌구나.

아주 자랑스러워!

---

2021. 6. 26

# 무더위를 잊는 방법

 2021년 여름. 엄마가 살아온 42년 중 가장 더운 여름. 이 여름, 더워도 너무 덥구나. 아무리 얼음물을 먹어도 온몸은 땀으로 축축하고, 불쾌지수는 높고, 짜증이 날랑말랑할 때, 누나가 건넨 스티커 선물.

 배 모양 스티커. 하하. 그런데 세상에나~ 자세히 보니 어쩐지 낯이 익어. 민규의 9살 생일 파티가 열렸던 그 선상 파티 크루즈였어. 2층 우리 방에서 보이던 노을, 끝없이 반짝이던 바다, 그 바람결까지 생생히 떠오르더라. 또 다른 배는 형들과 함께 요트 투어 때 탔던 그 요트. 그때 민규가 환하게 웃던 모습이 스티커를 보는 순간 떠올라, 엄마도 모르게 스마일.

덕분에 무더위도 잊었구나.

여행 참 좋다.

민규와 함께라 더욱 그랬겠지!

---

2021. 7. 14

## 네 안에 있는 답

민규가 어제 묻더라. "엄마, 제가 한자 26개중에 4개 틀리면 잘한 거예요?", "글쎄……."라고 말하고 곰곰이 생각해본 답은 기준은 엄마가 세울 수 없다는 거야.

기준은 민규 마음속에서 세워지는 것.

잘하고 싶은 마음이 크면 26개를 다 맞아도 한 번 더 복습할 것이고, 그렇지 않으면 13개만 맞아도 잘했다고 스스로를 칭찬할 수 있지. 엄마가 민규 머릿속으로 마음속으로 들어갈 수 없으니……. 그래도 민규가 혹시 또 기준을 알려달라고 하면 민규의 지난 1학기가 어땠냐는 질문에 "전교 부회장답게 잘했어요."라는 대답에 힌트를 얻어서 이렇게 말하려고 해.

민규답게 하는 것이라고.
모든 정답은 민규 안에 있다고 말이야.

언제나 민규를 믿는다.

---
2021. 7. 16

## 좋은 선물이란

　놀이 파크에 놀러가고 싶다는 민규의 말에 반차 쓰고 일찍 돌아와 민규와 놀이 파크에 가는 아빠. 차박 캠핑을 준비해서 민규와 추억 여행을 떠나는 아빠. 민규의 말을 늘 유심히 잘 듣고 사랑과 믿음을 몸소 보여주는 아빠. 세상에 없는 좋은 아빠.

　그리고 곧 다가오는 아빠의 생일에 관해 이야기하던 중에 "아빠께 좋은 선물을 드리고 싶은데, 지금 돈이 많이 없어요." 라며 슬퍼 보이던 민규. 민규야 엄마가 살아보니 꼭 돈으로 하는 선물이 좋은 건 아니더라. 아빠가 민규와 함께 보낸 소중한 시간들이나 꼭 안아 주기, 진심이 담긴 편지, 혹은 직접 만든 요리, 들꽃으로 만든 꽃다발이 때론 더 오래 기억나고 멋진 선물이 된다는 걸 엄마는 살면서 여러 번 느꼈어. 그래서 엄마도 민규에게 좋은 선물을 주고 싶어서 준비했지.

　바로 놀이터 풀밭을 뒤져 찾아낸 네 잎 클로버.

며칠 동안 말리고 코팅하면서 행운을 가득 담아 보았어.

내 사랑 민규 인생길에 행운만 있길 바라는 마음도 함께 말이야!

2021. 9. 13

## 여행의 교훈

우리가 함께한 속초 여행. 베트남 칼국수, 맥도날드 해피 패밀리세트. 하하하. 해피 패밀리 덕분에 내내 웃을 수 있었던 정말 즐거웠던 여행.

"'마음이 편안해지는 수평선 같은, 앞으로 열심히 살아서 성장해야겠다.'는 마음을 갖게 하는 수직선 같은 여행이었다."라는 민규의 글. 그리고 집에 돌아와서 수직선의 마음으로 즐겁게 숙제하고 있는 우리 민규.

여행도 좋았고, 수평선 같은 우리 가족이라니.

더할 나위 없구나.

---

2021. 9. 29

## 숫자 13도 너도 나도 다 소중해

숫자 13이 이유 없이 싫다는 예진이. 하하.

이유를 굳이 따져보자면 나누어떨어지지도 않고(그렇지만 17은 또 괜찮고) 저랑 딱히 연관도 없고(우리 집이 13층이 아니고) 숫자가 생긴 것도 이상하다는 이유 같지 않은 이유. 살다 보면 말이야. 너를 티 나게 싫어하는 사람도 있을 거고 네가 그냥 싫은 사람도 있을 거야. 예진이가 이유 없이 13이 싫은 것처럼 그럴 때마다 속상해 하거나 신경 쓰지 말고 숫자 13을 기억하렴.

13도 소중한 숫자인 것처럼 예진이도 상대방도 소중한 사람이라는 사실을 말이야♡

2022. 2. 13

## 고비 넘고 또 고비

민규의 3중 쌩쌩이 66개 성공! 그리고 다시 시작된 100개 도전♡ "아~ 진짜 고비 넘고 또 고비야."라면서도 웃으며 열심히 연습하는 우리 민규.

맞아, 민규야. 엄마도 살아보니 고비 넘고 또 고비인 것이 인생길이더라. 고비와 고비를 넘는 동안 나도 모르게 조금씩 더 좋은 사람, 더 나은 사람이 되어 있었고 그 고비 사이에는 성취감과 기쁨이 예쁜 꽃과 파란 구름처럼 아름답게 반짝이고 있어서 견딜 만했어.

우리 민규 고비와 고비를 잘 극복할 거야!
예쁜 꽃과 파란 구름 보며 잘 이겨 내길 바라.
사랑한다 아들♡

2022. 3. 2

## 기억의 원리


어제 민규는 소파에 앉아서 배웠던 드럼 음을 기억해보고 있더라.

기억은 이와 똑같은 요령이야. 우리가 어떤 기억을 자주 떠올릴수록 그 기억은 다시 인출될 가능성이 커지지. 그러니 어떤 것을 확실히 기억하고 싶다면 그 기억을 자주 인출하면 돼. 무언가를 알게 되었을 때 누군가에게 설명하고 질문을 만들어 물어보는 것이 좋은 방법인 이유이지.

민규의 4학년 시작이구나.
기억의 끝에 즐거움까지 더해질 수 있도록 긍정적이고 활기차게 생활하기를 부탁해.

2022. 3. 6

## 우리가 정든 이유

며칠 전, 예진이의 말. "엄마랑 안 지 고작 4,490일이 되었을 뿐인데 왜 이렇게 정이 들었죠?" 감동♡

아침 달리기하며 같이 춤도 추고 세계 곳곳을 함께 여행 다니고 집에서 배드민턴도 치고 가끔은 싸우기도 하고 자주 손잡고 걸어 다니고 일상을 같이하니 정이 듬뿍듬뿍 들었나 봐.

"하늘에는 별, 지구에는 꽃, 나에게는 너."
나의 별이자 나의 꽃인 너와 함께 라는 것.
엄마는 정말 행복해.

2022. 4. 4

## 어쩐지 슬픈 말, 둥글다

학교친구에게 선물 받은 아주 귀여운 산타인형. 동글동글해서 '동글이'라는 이름이 지어진 인형.

둥글다. 공이 떠오르고, 갓난아기의 손등이 떠오르고. 온갖 순한 것들의 이름. 둥글다. 둥근 산타 인형을 바라보며 처음부터 둥근 것은 없었다는 말이 떠올라 문득 슬퍼진다. 구르고 깎이며 모난 성격도, 거칠었던 말투도, 잘하지 못했던 실력도, 모두 모두 둥글어지기까지 수고가 많구나.

내 딸 예진이도 수고가 많구나.
늘 마음으로 조용히 응원 보낼게.

2022. 4. 27

## 겸손과 센스

"민규야, 너는 좋겠다. 운동도 잘하고 시험도 백점이고 친구도 많잖아."라는 친구의 칭찬에 "야! 너는 잘 생겼잖아. 하하하." 겸손하고도 센스 있는 민규의 멋진 대답에 "그건 그렇지."라고 말했다는 친구.

서로를 바라보며 기분 좋게 웃었을 너희들의 모습이 상상되어 엄마도 모르게 미소 지으며 생각했어. 누가 엄마에게도 칭찬을 건네면 민규처럼 상대방 좋은 점을 찾아 말해줘야지 하고 다짐했어.

내 사랑 조 신사에게 배운 그대로 말이야.

---

2022. 4. 28

## 작은 것이 가장 큰 것

예진이 눈에 들어간 작은 속눈썹. 이래도 저래도 안 빠져서 아파하다가 결국은 안과에 가서 뺐구나. 작은 티끌 때문에 아팠던 예진이. 작은 티끌 때문에 만들어지는 조개 안의 천연 진주. 사실 작은 것이 가장 큰 것.

"삶은 작은 것들로 이루어졌네.
위대한 희생이나 의무가 아니라
미소와 위로의 한 마디가
우리 삶을 아름다움으로 채우네."
- 메리R 하트먼

작은 것이 모여 만들어지는 큰 사람 예진이.

작은 매일이 모여 너의 삶이 아름다움으로 크게 채워지기를 바라본다.

---
2022. 5. 16

## 주위를 밝히는 촛불

말이 많고 너무 시끄러운 반 친구.

그리고 그 친구에게 잘해 주기로 결심을 했다는 민규. 그냥 그저 잘해 주는 게 아니고 아주 잘해주겠다는 결심.

예를 들어, 숙제를 안 했으면 보고 쓰라고 보여주고 모르는 것이 있으면 알 때까지 자세히 설명해주기. 조용히 하라는 말도 안 하기. 그렇게 며칠이 지난 후, "민규야 우리 베스트 프렌드 하자."라는 친구의 말에 "그러자." 했지. 그리고 그날 이후, 더 이상 시끄럽지 않은 친구가 되었다는 놀라운 이야기.

주위를 밝히는 따뜻한 촛불 같은 내 사랑 민규.

민규야 너 쫌 많이 멋진데?

엄마는 무슨 복으로 이런 멋진 아들을 낳았을까!

정말로 행복하고 자랑스럽구나.

고맙다 민규야.

---

2022. 6. 6

## 혼자 하는 힘

며칠 전, 모르는 수학문제를 물어보던 예진이. 벽에 부딪혀서 엄마에게 도움을 요청한 건데 이걸 왜 모르냐며 화를 내 버렸구나. 되돌아보니, 이렇게 말할 수 있었고 그랬어야 해.

"예진이가 조금 더 생각해봐. 엄마가 알려주면 혼자 할 수 없잖아. 앞으로 수없이 모르는 문제와 만나게 될 텐데 그때마다 도와 줄 순 없으니까. 너 혼자 풀어내는 힘. 지금부터 그런 힘을 키우는 연습을 해 보는 거지. 스스로 다해 나가는 것. 결국 그 힘을 기르는 것이 교육의 목표거든."이라고 부드럽게 말했어야 해.

매번 뒤돌아서서 반성하는 부족한 엄마지만 너를 사랑하는 마음만은 크고 넉넉하다는 거 잊지 말아줘.

2022. 6. 6

## 먼 훗날 알게 될 것들

엄마가 어릴 때 양말이 구멍 나면 할머니께서 금세 뚝딱! 예쁘게 꿰매 주셨어. 그런 것! 부모님이니까 당연하다고 생각했지. 그런데 당연한 게 아니더라. 아침 일찍 일어나서 정성껏 아침을 차려 주신 것도 기분 좋게 잠이 들도록 이불을 뽀송뽀송 빨아 주신 것도 아플 때 밤새 곁에서 뜬 눈으로 간호해 주신 것도 다 당연한 게 아니더라.

엄마가 엄마가 되어보니 비로소 알게 되는 것들.

어제 저녁을 먹으며 의미심장한 미소를 지으며 민규가 하던 말 "산타 할아버지의 진실은 제가 아빠가 되면 알겠죠."
듣고 있던 예진이의 잔잔한 미소,
먼 훗날 저절로 알게 될 것들!

2022. 7. 26

## 돈, 어떻게 쓸 것인가

   화창한 가을날♡ 아파트 단지 내에서 개최한 플리 마켓. 우리는 무려! 스마트 워치가 걸린 뽑기판과 솜사탕, 그리고 핫초코 판매로 참여를 신청! 예진이가 홍보물 제작과 핫초코. 아빠가 솜사탕. 민규가 손님 모집. 엄마는 뽑기판과 총무. 각자의 담당에 충실히 임했고, 우리는 호흡도 손발도 척척 잘 맞았어.

   우리 가게 앞에 끝없이 늘어선 줄도 방긋방긋 웃으며 손님을 대하던 너희들의 모습도 이 가족은 뭘 해도 크게 성공하겠다는 주변 칭찬까지도 잊지 못할 즐겁고도 보람찬 하루였어. 그리고 1/n 수입 나누기. 같은 돈이지만 다르게 느껴진다는 너희들의 말.

   플리 마켓의 끝에 이 돈을 어떻게 가치 있게 쓸 것인가라는 각자의 판단이 남았구나.

---

2022. 10. 29

## 화의 깨달음과 실천

 우리 둘이서 어딘가 다녀오던 차 안으로 기억 되는구나. 지금도 엄마 마음속에 잊히지 않는 너의 말. 언젠가 친구에게 화가 났고 그 자리에서 바로 '다다다다' 화난 걸 이야기한 적이 있는데 그날 밤부터 무척이나 후회가 되었다는 말.

 그래서 그날 밤 이후 한 번도 바로 화를 내지 않았다는 말. 세상에~ 14살 예진이의 깨달음과 실천이 너무 놀라워.

 엄마 41살인데 아직도 잘못하는데 말이야. 화날 때 심호흡하기, 숫자세기 이런 거 이론으로는 알지만 쉽지 않은 일. 화날 때는 이제 우리 예진이부터 생각해야겠다 늘 보고 배운다.
 예진이가 제일이야!

---

2022. 11. 14

## 가치 있는 것들

"대가를 지불하지 않고 쉽게 얻어지는 것들 중 가치 있는 것은?"이라는 엄마의 질문에 민규의 대답.

"마음이요. 기뻐하는 마음, 감사하는 마음, 그리고 웃길 수 있는 마음이요."라는 말. 우와~ 민규의 그 마음 덕분에 줄넘기 대회도 호주 여행도 일상도 더욱 가치 있어지는구나. 따뜻한 민규가 이 마음 잃지 않고 지금처럼 멋지게 자라길 바라본다.

역시! 민규야.

2022. 11. 27

## 독서 왕들에게 독서란

우와~ 예진아 우리 가족이 성남시에서 한 가족에게만 수여하는 '독서 가족 왕 상'을 받아버렸구나. 이건 집안의 경사야. 하하하.

- 💌 꼭꼭 씹어 삼킨 문장들은 한 줄 한 줄 내 몸과 마음에 흡수되어 세상을 지혜롭게 살아가는 생각의 뼈대를 만들어 줄 거니까.
- 💌 실망과 좌절에 쉽게 넘어지지 않는 마음의 근육을 키워 줄 테니까.
- 💌 누구도 가르쳐 줄 수 없는 길이 책 속에 있으니까.
- 💌 책 읽고 생각하는 사람과 그렇지 않은 사람의 얼굴에는 분명한 차이가 있으니까.

간곡하게, 수차례 책 읽기를 강조해본다.

오늘 일찍 오렴. '독서 가족 왕 상' 파티하자.

---

2022. 12. 7

## 나를 믿는 힘

엄마가 언제나 맛있는 귤만 골라서 주었을 거라는 믿음이 있었기에 귤이 더 달콤하게 느껴졌다는 민규. 하하하! 믿음 중에 제일인 것은 스스로를 믿는 일이구나. 그렇다면 믿음은 어떻게 생길까?

엄마 어릴 적 이야기를 하자면, 나를 믿게 된 순간은 예상외로 주변의 응원을 맘껏 받는 순간이 아니더라고. 처음으로 학교시험에서 백 점 맞았을 때, 처음으로 글짓기대회에 나가 상을 받았을 때, 그때부터 시작된 해낸 성공들의 합.

그게 나를 믿는 힘이더라. 그리고 슬럼프가 올 때는 내 마음이 소리쳤어. "정아야. 할 수 있어. 그때처럼!" 민규도 민규에게 늘 말해 주렴 "민규야. 할 수 있어."라고 말이야.

2022. 12. 13

## 여름
### 다투고 껴안으며 엉글어진 여름

아들이 초등학교 2학년쯤 되었을 때의 일이다. "다녀왔습니다!" 신나는 목소리로 돌아온 아이를 반갑게 맞이했는데, 어깨에 있어야 할 책가방이 보이지 않았다. 일주일 전, 축구공을 학교에 두고 와서 깜깜한 밤까지 함께 찾아 헤맸던 기억이 떠올랐다. "가방은? 가방은 어디 있어?" 화가 치밀었다. 어제는 내가 보험료 갱신을 제때 하지 않아 손해를 봤던 터였다. 속상한 내 마음 위에 아이의 일이 얹히자, 감정은 걷잡을 수 없이 터져버렸다. 내 안엔 여유가 없었다. 아이를 너그럽게 바라볼 여유도, 울퉁불퉁한 감정을 받아낼 여유도 없었다. 나는 마치 압정처럼 날카롭고, 쉽게 상처 주는 사람이 되어 있었다. 매일 작고

사소한 일에도 화를 내고, 돌아서서 후회하는 일을 반복했다. 아이들 역시 키만큼 감정도 쑥쑥 자라나는 중이었다. 말투도, 표정도, 기분도 하루가 다르게 변해갔다. 아이도 나도 당황했다. '대체 왜 저러지?' 싶었던 순간들이, '그래, 이건 자라는 중이구나.' 하고 받아들이기까지 참 힘이 들었다.

그렇게 우리는 뜨거운 여름을 지나며, 영글어갔다.

완벽해지려 애쓰기보다, 지금 이 순간을 함께 잘 살아내는 데 집중했다. 다투고, 껴안고, 서로의 마음을 조금씩 알아가면서 우리는 우리만의 '사이'를 만들어갔다. 그리고 함께 성장했다. 성장이란, 어느 날 갑자기 피어나는 꽃이 아니었다. 불편함을 견디며 반복되는 일상 속에서 천천히 단단해지는 과정이었다. 그러던 어느 여름밤, 아이가 내 손을 꼭 잡고 말했다. "엄마는 좋은 사람이에요." 그 단순하고 뜨거운 말 한마디가 벅차게 내 마음을 채웠다. 숨 가쁘고 힘들었던 그 여름은 그 말 한마디로 따뜻함과 단단함으로 천천히 채워져 갔다.

사랑하는 예진

주말, 가족이 함께 한 등산 정말 좋더구나. "어떻게 이렇게 예쁠 수가 있어요" 라며 연신 사진을 찍던 내사랑♡

「연두가 초록으로 넘어가기 전에 연두의 눈에 푸르게 불이 들어오기 전에 연두가 연두일 때, 연두가 연두였다는 것을 잊어버리기 전에 오늘 연두와 오래도록 눈을 맞추자」 오늘 엄마는 깊은 산속에서 13살 예진이가 13살 예진이였다는 걸 잊어버리기전에 어른 예진이로 넘어 가기전에 오래 눈을 맞춰야겠다고 다짐했어. 사랑한다 딸

— 2021. 5. 25 —

사랑하는 민규

「잔소리 : 듣는 사람도 자신도 너무 잘 알고있는 옳은 말이 반복된다는 점에서 사람을 짜증나게 한다」
오늘도 엄마는 '할일 빨리해야지'라는 잔소리를 해버렸네
가만히 듣던 민규
"엄마, 편지에는 잘했어, 잘했어만 적어주세요" 하하

- 민규의 노력하면 잘한다는 성장 마인드 셋
 (누나에게 친구를 경쟁상대로 삼지말고 누나가 누나를 이기라고. 이전의 나보다 잘하면 되는거라는 응원의 말)
- 친구험담을 안하는 민규
 (오늘도 여러친구의 좋은점만 들려주더라)
- 따뜻한 마음을 가진 민규
 (수학학원 1학년 꼬마가 백점을 맞고도, 당연하다며 화내는 엄마의 반응에 시무룩해진 걸 보고 다가가서 '넌 정말 잘한거야' 라고 말해주고 싶었다는 이야기)
- 늘 즐겁고 자주 행복한 민규 (오늘도 여러번 자주 웃고있던 민규)
잘했어 잘했어 우리민규 ♡ 엄마의 잘했어보다 좋은건
민규 스스로의 잘했어 라는거! 기억해주렴

— 2021.6.21 —

사랑하는 민규

민규가 어제 묻더라
"엄마, 제가 한자 26개중에 4개 틀리면
잘한거예요?" "글쎄..." 라고 말하고
곰곰히 생각해본 답은 기준은 엄마가 세울수 없다는
거야. 기준은 민규 마음속에서 세워지는 것.
잘하고 싶은 마음이 크면 26개를 다 맞아도
한번 더 복습할 것이고, 그렇지 않으면 13개만
맞아도 잘했다고 스스로를 칭찬할수 있지.
　엄마가 민규의 머리속으로 마음속으로 들어갈수
없으니.... 그래도 민규가 혹시 또 기준을 알려달라고 하면
민규의 지난 1학기가 어땠냐는 질문에 "전교부회장답게
잘했어요"라는 대답에 힌트를 얻어서
말하려고 해. "민규답게 하는것"이라고.
정답은 민규안에 있단다

-2021.7.16-

사랑하는 예진

숫자 13이 이유없이 싫다는
예진이. 하하
이유를 굳이 따져보자면
나누어 떨어지지도 않고
(그렇지만 1까은 또 괜찮고)
저랑 딱히 연관도 없고
(우리집이 13층이 아니고)
글자 생긴것도 이상하다는
이유같지 않은 이유~
살다보면 말이야
너를 티나게 싫어하는 사람도 있을거고
네가 그냥 싫은 사람도 있을거야
예진이가 이유없이 13이 싫은것처럼.
그럴때마다 속상해하거나
신경쓰지말고 숫자 13을 기억하렴!
13도 소중한 숫자인것처럼
예진이도 상대방도
소중한 사람이라는 사실도
말이야 ♡ -2022.2.13-

사랑하는 예진

학교친구에게 선물받은 아주 귀여운 산타인형.
동글동글해서 「동글이」라는 이름이 지어진 인형.
둥글다. 공이 떠오르고, 갓난아기의 손등이 떠오르고.
온갖 순한 것들의 이름. 둥글다♡ 둥근 산타인형을
바라보며 처음부터 둥근것은 없었다는 말이 떠올라
문득 슬퍼진다. 구르고 깎이여  둥글어진 것들.
모난 성격도, 거칠었던
말투도, 잘하지 못했던
실력도, 모두모두
둥글어지기까지 수고가
많구나. 내 딸 예진이도
수고가 많구나. 마음으로
조용히 응원 보낼께 - 2022. 4. 21 -

DEAR SOMEONE SPECIAL

　　　사랑하는 민규

말이 많고 너무 시끄러운 반친구.
그리고, 그 친구에게 잘해주기로 결심을 했다는 민규
그냥 그저 잘해주는게 아니고
아주 잘해주겠다는 결심.
예를 들어, 숙제를 안했으면 보고쓰라고 보여주고
모르는 것이 있으면 알때까지 자세히 설명해주고
조용히 하라는 말도 안하고.
그렇게 며칠이 지난 후, "민규야. 우리 베스트프렌
하자" 라는 친구의 말에 "그러자" 라고 했더니
그 날 이후, 더이상 시끄럽지 않은 친구가 되었다는
놀라운 이야기.
주위를 밝히는 따뜻한 촛불같은
내사랑 민규.
민규야! 너 쫌 많이 멋진데?
엄마는 무슨복으로 이런 멋진 아들을
낳았을까! 엄마는 정말로 행복해!

　　　　　　　　－ 2022. 6. 6 －

사랑하는 예진

엄마가 어릴때, 양말이 구멍나면 할머니께서 금세뚝딱! 예쁘게 꼬매주셨어. 그런것이 부모님이니까 당연하다고 생각했지. 그런데 당연한게 아니더라. 아침일찍 일어나서 정성껏 아침을 차려주신것도, 기분좋게 잠이 들도록 이불을 뽀송뽀송 빨아주신 것도, 아플때, 밤새 곁에서 뜬눈으로 간호해주신 것도 다 당연한게 아니었어. 엄마가 엄마가 되어보니 비로소 알게되는 것들. 어제 저녁을 먹으며 의미심장한 미소를 지으며 민규가 하던말 "산타할아버지의 진실은 제가 아빠가 되면 알겠죠" 듣고있던 예진이의 잔잔한 미소, 언젯날, 저절로 알게될 것들! 2022.7.26-

사랑하는 민규

대가를 지불하지 않고 쉽게 얻어지는
것들 중 가치있는 것은? 이라는 엄마의 질문에
민규의 대답
"마음이요. 기뻐하는 마음, 감사하는 마음,
그리고 웃길수 있는 마음이요" 이라는 말.
우와~~ 민규의 그 마음덕분에 줄넘기대회도
나트랑여행도 일상도 더욱 가치있어지는구나.
따뜻한 민규가 이 마음 잃지않고
지금처럼 멋지게 자라길 바래본다
역시! 민규야
-2022.11.27-

"높고 푸른 가을 하늘 구름같은 우리,
느리지만 아름답게 성숙해가고 있다."

# 가을 편지

천천히 익어가는 열매처럼
깊어지는 시간

## 참을성 상

얼마 전, 엄마에게 민규가 만들어준 '참을성 상'

보면 볼수록 아주 기분이 좋아지는구나. 책읽기와 글쓰기를 미루고 싶은 때도, 청소와 빨래가 귀찮을 때도, 운동을 오늘은 안 하고 싶을 때도, 화가 튀어나올 것 같을 때도, 엄마 스스로 더욱 바르고 열심히 살도록 엄마를 일으켜 세우는 힘이 되는 멋진 메달.

고마워 민규야.

2022. 12. 16

## 인디언들의 기우제처럼

저녁 식사 후 가족이 모두 소파에 앉아 있었고 엄마는 골프 딱 소리 내기 연습 중. 잘 안 되는 엄마를 위한 민규의 직접 시범과 아빠의 조언들. 그리고 안 되나 보다며 포기하고 싶을 때마다 외치던 예진이의 말. "한 번만 더 해보세요! 될 것 같아요." 강력한 응원에 결국 성공♡

비 내리기를 기원하는 인디언들이 지내는 기우제는 100% 성공이라는데 비법이 놀라워. 비가 올 때까지 기우제를 지낸다는 것!

될 때까지 응원해주는 나의 고마운 가족들. 그래서 엄마도 결심을 했지. 너희들과 아빠가 무슨 일을 하던 곁에서 끝까지 응원하고 도와주겠다고 말이야.

세상에 이런 좋은 가족이라니!

아무리 생각해도 복이 참 많다.

2023. 1. 17

## 누구에게나 86400초

은행이 있습니다. 당신 계좌로 매일 86,400원이 꼬박꼬박 입금됩니다. 이 돈을 어디에 어떻게 쓰느냐는 당신 마음이지만 저축할 수도 다음날 미리 찾을 수도 없습니다. 단, 매일 밤 자정이면 한 푼도 없이 사라집니다.

이 은행의 정체는 바로 하루 24시간이라는 '시간' 하루에 24시간. 전 세계 누구에게도 똑같이 주어지는 시간. 누군가는 항상 시간이 모자라 헉헉대며 일에 휘둘리고. 누군가는 할 일을 야무지게 해내면서도 하고 싶은 일까지 하며 여유 있게 사는 법.

담임 선생님의 "민규는 놀 땐 놀고 할 땐 한다."는 칭찬처럼 열심히 놀고, 축구하고, 공부하고, 예쁜 마음 만들고, 밥 먹으며 지내는 민규. 미래가 아주 밝구나.

2023. 4. 18

## 젤리 같은 응원

예진이의 첫 시험에 잊지 못할 젤리. 민규가 학원 젤리 통을 다 뒤져서 찾아온 누나가 좋아하는 흰곰 젤리가 가득한 하리보 젤리 한 봉지. 이 젤리만큼 달콤하고도 끈끈한 가족들의 응원. 지나간 것은 잊어버리고 앞으로 잘하면 된다는 민규의 배드민턴대회 교훈 이야기까지.

"FORGET ABOUT IT! 지나간 것은 잊고, 앞을 보고 나가라."

예진아! 열심히 하느라 애썼고 충분히 잘했어.
널 언제나 응원한다.

2023. 4. 26

# 마스터 반으로 가는 길

영어 학원 마스터 반 승급 소식을 전하며 이런저런 이야기 끝에 민규가 그러더라. 어떤 애들은 처음부터 마스터반이라고. 타고나거나 재능 있는 사람은 그럴 수 있지.

그런데 아빠와 엄마 이야기를 해보자면 처음 결혼했을 때는 아주 조그만 집에서 살았고 그 다음에는 조금 더 좋은 곳으로 이사를 다니다가 지금 여기로 왔고 그게 참 행복하더라. 처음부터 마스터 반이 아니라 마스터 반으로 올라간 과정이 그렇게도 뿌듯하고 좋더라고. 그리고 앞으로는 더 잘 될 거라는 자신감도 생겼어.

아빠, 엄마를 닮은 민규도 마스터 반에서 더 잘해 나갈 거야. 언제나 민규를 믿는다.

2023. 5. 31

## 기적을 만드는 재료들

 들어도 또 들어도 여러 번 또 들어도 들을 때마다 재미있고 기분이 좋아지는 민규네 반. 발야구 이야기. 이야기 속에 살아 움직이는 것 같이 느껴지는 열정을 다했을 민규와 친구들의 모습. 그리고 6개 반 중 5등이었는데, 마지막 날 일어난 기적.

 "무언가 되고 싶고, 하고 싶고, 앞으로 나아가고 싶고, 삶에 더 많은 의미를 부여하고 싶은 욕망은 기적을 만드는 재료들이다."

 앞으로 펼쳐질 민규의 긴 인생에서도 많은 기적을 이루어 내기를 바라본다.
 물론 이번처럼 노력이 필요하겠지.
 축하해 기적의 우승을.

---

2023. 6. 5

## 매일 피는 행복 나뭇잎

"잘 잤어?", "오늘 하루도 행복하게 보내.", "엄마도요."

아침마다 하는 우리의 인사♡ 그런 소박한 곳에서부터 우리의 마음속 나무는 오늘도 줄기차게 가지를 이어 나간단다. 그 덕분에 살면서 하루라도 행복의 나뭇잎을 피우지 않은 적이 없었구나.

나의 멋진 딸 고맙다!

2023. 6. 13

## 노력의 경험

　기말고사 기간이라고 잠 못 자며 열심히 공부하는 예진이를 보며 문득 든 생각. 네가 20살이 되었을 때 중학교 2학년 1학기 수학점수가 생각날까? 아닐 거야. 아마, 치열하게 열심히 공부했던 기억만 희미하게 남아 있겠지.

　노력의 경험 말이야. 그 경험은 나중에 야근도 버틸 수 있고, 과일 하나를 팔더라도 반짝반짝하게 닦아서 팔 수 있는 원동력이지 않을까? 무슨 일이든 열심히 하는 것이 중요한 것은 이렇게 우리 뇌가 결과보다 경험과 과정을 더 선명히 기억하고 어른이 되어서도 그대로 따라가게 되기 때문이란다.

　2주 앞으로 다가온 시험. 노력의 경험은 내 사랑 예진이를 더 크게 성장시킬 테니 기쁜 마음으로 힘내렴.

2023. 7. 2

## 바꿀 수 있는 현재와 미래

 지난 주말, 민규의 배드민턴 대회. 놀러가기 위해 기권하지 않은 것이 잘한 일이라고 말했는데 하나 더 있어. 지난 대회의 패배를 잊고 다시 시작한 것! 과거는 이미 지나간 거라서 바꿀 수가 없단다.

 바꿀 수 있는 건 오직 현재와 미래 뿐. 그날의 패배와 오늘의 우승이 그것이지. 민규 오늘 잘했고, 우승을 다시 한 번 축하한다. 그리고 기억할 것은, 엄마는 민규의 전부를 사랑한다는 사실. 민규가 잘할 때만 사랑하는 게 아니라는 것.

---

2023. 7. 13

# 싫은 일부터 눈 딱 감고!

 우리 가족의 특별한 행사. 상을 받거나, 책 한 권을 다 읽거나 백점을 맞으면 과자를 먹는 '축하 파티' 민규가 아주 좋아하는 파티♡

 민규야. 엄마가 가만 보니까 인생이 우리 집 파티 과자들 같더라. 여러 가지 과자가 있고, 거기엔 좋아하는 것과 좋아하지 않는 게 있잖아. 먼저 좋아하는 걸 먹어 버리면 그 다음에는 그다지 좋아하지 않는 것만 남게 되지. 그래서 엄마는 괴로운 일이 생기면 그렇게 생각해. 지금 이걸 겪어두면 나중에 편해진다고. 보통 사람들은 하기 쉬운 일부터 하고 그러다 보면 하기 싫은 일만 남고 뇌는 늘 그 사실을 인식해서 마음이 불편하고 찜찜해. 인생을 잘 살기 위해서는 하기 싫은 일부터 눈 딱 감고 후딱 해치워야 해. 실제 해보면 별거 아니야. 남는 건 좋아하고 하기 쉬운 일.

인생을 잘 살아 갈 민규에게 꼭 해주고 싶었던 말이구나.

---

2023. 8. 24

## 험담은 불량 접착제

어제, 예진이와 초등학교 때 친구 이야기를 하며 문득 든 생각이 있어. 험담이, 불량 접착제 인 것 같다는 생각. 접착제 역할을 하지만 품질은 불량이다.

이게 무슨 의미냐 하면, 누군가와 제삼자를 씹다 보면 둘 사이에 공감대가 형성되면서 우정이 싹튼 것 같은 기분이 들고 실제 둘 사이에는 친근감이 생기잖아. 그래서 접착제 같은 역할을 하지만 그런 식으로 친해진 건 진정한 의미의 친함이 아닌 거지. 사실 그 사람은 언제 다른 사람 앞에서 나를 욕할지는 모르는 일이니 말이야.

예진이 인생에는 '정품 접착제' 우정만이 가득하길 바라본다.

2023. 8. 24

## 엄마의 꿈

민규가 며칠 전 묻더라. 엄마는 꿈이 무엇이냐고 갑작스러운 질문에 대답을 얼버무렸기에 생각에 생각을 다시 다듬어보았어. 어릴 때는 판사도 되고 싶었고, 인형 공장 사장님도 되고 싶었고, 글 잘 쓰는 작가도 되고 싶었고, 약사도 되고 싶었어.

많은 꿈 중에 꼭 이루고 싶던 꿈은 정말 좋은 엄마와 아내인 현모양처가 되는 것이었어. 광범위하게 말하자면 자식에게는 큰 울타리가 되어주고, 힘이 되어주고, 믿음이 되어 주는 것처럼 나라는 한 사람이 그렇게 큰 사람이 되어서 많은 사람들의 힘과 믿음이 되는 것. 늘 깨어 있는 사람이고 좋은 습관을 몸에 담아 뭘 해도 주위사람의 눈살 찌푸리지 않는 사람이 되고 싶은 것.

결국 자유로운 사람이 되는 것이 엄마의 꿈이구나.

2023. 9. 11

## 매순간의 떨림

아빠와 아침 맨발 걷기를 하다가 발견한 꽃 한 송이. 무척이나 꼿꼿이 서 있던 꼭 한 송이. 그 선명한 자태가 참 예뻐서 가까이 다가가 바라보게 되었는데 그 꽃은 아주 여리게 떨리고 있더라. 멀리 떨어져서 바라볼 때는 당당해 보이고 분명해 보였는데 가까이 다가서 보니 그 떨림은 무척이나 힘들어 보이면서도 끝내는 이겨내고 말 기세였어.

우리도 이 꽃처럼 멀리서는 선명히 보일지 몰라도 가까이서는 매순간 떨리고 있을 것이야. 그리고 그것이 우리의 삶이 아닌가 하고 생각해.

내 사랑 예진 꽃의 삶도 그렇겠지.

---

2023. 9. 11

## 자신만의 결

오늘 바람이 참 맑고 시원하게 느껴지더라.

"바람에는 결이 있다.
나무에는 결이 있다.
살아 있는 것들은
다 자신만의 결이 있다."

어제 민규의 축구경기에서 민규의 결을 느꼈어. 쓰러진 동료를 보면 경기를 멈추고 손 내밀어 일으켜 세우던, 침착하게 기회를 엿보던, 가장 열심히 뛰던, 순간순간 정확한 판단으로 적재적소 공을 패스하던 민규의 결. 그동안 열심히 노력해서 연습하고, 매일매일 갈고 닦은 인성의 결과라고 생각해.

민규야. 정말 멋졌어!

2023. 10. 17

## 영원한 응원단장

어제 축구 테스트 결과에 무슨 위로를 해야 할지 망설이다가 "성남 FC는 보는 눈이 너무 없어. 그치?"라는 엄마의 말에 빙그레 웃던 민규.

그리고 이어진 말. "엄마, 음바페 엄마도 엄마처럼 말했어요. 음바페도 구단시험에 떨어진 적이 있는데 구단주에게 우리 아들 나중에 두고 보라고 말했어요. 그리고 정말 나중에 1조 원 계약을 했어요." 우와~ 민규 위로해 주려다 엄마가 멋있어졌네. 정말 멋진 건 우리 민규. 나중에 1조 원의 사나이가 될 민규!

엄마는 언제나, 영원히, 민규의 응원단장!

2023. 10. 18

## 재미있는 계산

오늘 민규와 함께 사먹은 소보로 빵! 한 입 베어 먹은 민규 "우와~ 엄마 이 빵 진짜 맛있는데요?"라는 민규. "그래? 평소 사던 빵집이 문을 닫아서 간 곳인데 그렇게 맛있어? 500원이 더 비싸긴 해.", "네! 같은 소보로 빵이지만 500원의 가치는 충분해요 정말 맛있어요."라며 행복해하던 민규.

그리고 오늘 수학학원에서 최상의 하이 레벨 60문제를 다 맞고 또 행복해하던 민규. 민규야 궁금한 게 있는데, 수학 100점의 가치는 얼마나 될까? 소보로 빵 500원의 가치와 비교해보고 계산해보고 알려줘.

2023. 10. 21

## 아빠라는 꽃밭

  예진이 마음에 쏙 드는 잘 써지고 신기한 필통을 가득 채우는 독일의 신상 필기구들. 민규의 친구들이 패스를 잘 주고 집에 오면 곱게 개어 놓고 싶어지는 촤르르르, 반지르르한 축구복. 엄마의 반짝반짝 예쁜 벨트까지 아빠의 사랑과 정성이 가득한 선물들 덕분에 우리 가족은 마음의 빈틈 가득 꽃밭이 펼쳐지고 있구나.

  그리고 진짜 선물은 아빠!
  매일매일 많이 보고 싶어 했던 아빠가 오셨어.
  예진이는 좋겠다.

---

2023. 11. 1

## 나를 닦고 다스리기

주말에 친구들과 방 탈출에 갔는데 분위기와 소리 때문에 무서움에 떨다가 그만, 탈출을 못하고 와버렸다는 예진이. 하하하! 어릴 때 방문이 닫히면, 어두운 곳에 가면 유난히 많이 울던 꼬꼬마 예진이 시절도 생각났어. 맞아! 공포감은 눈에 보이지 않을 때 더 크게 느껴지는 법이지.

- 세상에서 중요한 것은 보이지 않아.
- 그럼 보이는 것은 무엇이지요?
- 딱딱한 것, 만져지는 것. 물체.
- 그것들은 곧 사라질 헛것이지.
- 보이지 않으면서 중요한 것은요?
- 마음! 그것을 볼 수 있도록 나를 닦고 다스리는 것. 그게 진짜 공부란다.

2023. 11. 6

## 멋진 일기

 민규가 들려주었던 비가 많이 오던 날의 신나는 '축구 수중 전'

 엄마도 어제 골프를 치러 갔는데 가는 길에 흐리다가 반짝 해가 떴다가 폭우가 내리다가 또 하늘이 화창하기를 여러 번. 온몸이 비로 흠뻑 젖었지만, 어찌나 신이 나던지 마치 민규가 된 듯 즐거운 하루였어. 엄마가 일기를 쓴다면 제목은 '골프 수중 전'

 만약 민규가 '축구 수중 전'에 대한 일기를 쓴다면. 일기장을 눈앞에 두고, 두 눈을 감고 푸르지오 놀이터에 다시 가 보렴. 놀다가 친구들과 다툼이 일어났다면 그 친구와 다시 싸워봐야 해. 주먹을 쥐고 때리는 시늉도 하고 욕도 해보다 그때 분위기나 친구 얼굴 표정까지 하나하나 떠올려 보는 거. 타임머신을 타고 그때 그 곳으로 되돌아 가본다면 저절로 생동감 넘치는 일기가 나올 거야.

민규의 멋진 일기. 기대해본다♡

---
                                          2023. 11. 8

## 지치지 않는 사자

어제, 민규가 들려준 헝가리 전 축구 이야기.

보통은 전반에 4골을 먹히면 막을 의지를 상실하는데 9골을 허용하고도 경기에서 90번의 유효슈팅을 막아서 최우수 골키퍼로 뽑힌 전설의 골키퍼선수. 우와~ 찾아보니 홍덕영 선수구나. 우리나라는 당시 전쟁 종식 후 1년이 채 안 되는 모든 것이 아주 열악한 상황이었고, 헝가리는 당시 강력한 우승 후보였어. 헝가리 팀은 당시 경기를 이렇게 회상했대. "한국 팀은 쓰러져도 계속 다시 일어났다. 마치 지치지 않는 사자들이 뛰는 것 같았다."라고 말이야.

지치지 않는 사자. 자랑스러운 한국! 마치 민규 같아!

2023. 11. 11

## '나'를 알면 생기는 굳건함

소외된 친구들에게 모둠 활동 '하카 춤'을 함께하자고 먼저 제안했다는 민규의 크고 넓은 마음에 감동받은 엄마의 칭찬. 해야 할 일을 미루다가 대충한 민규에게 화난 엄마의 큰소리.

우리는 하루에도 몇 번씩 롤러코스터를 탄다. 집에서, 학교에서 칭찬을 받으면 우쭐해져서 하늘로 끝없이 올라갔다가 또, 야단을 들으면 한없이 쪼그라들며 끝을 모르고 내려간다. 하루에도 몇 번씩 타는 롤러코스터.

내가 누구인지, 정확히 알고 나의 실력과 나의 가치를 잘 알면 칭찬과 야단에도 흔들리지 않는 법. 언제나 굳건히, 흔들리지 않는 내 사랑 민규이길.

2023. 11. 20

## 놀라움으로 가득한 wonderful!

 즉석해서 반 이상을 썼는데, 영어 수행평가 만점. 우와~ wonderful 예진이 잘했어, 잘했어!

 'wonderful'이라는 영어는 일반적으로 멋지다고 번역되지만 사실 그건 'full of wonder', 즉 놀라움으로 가득하다.'라는 뜻이래. 살아 있는 한 반드시 스스로 예상치도 못한 일이 일어나는 법. 영어를 사용하는 사람들은 예정대로의 결과가 나타나는 것을 멋지다고 느끼지 않고, 예상외의 일을 멋지다고 느낀다는 'wonderful'

 예진아! 혹시 살다가 예상대로 결과가 나오지 않더라도 wonderful, 엄마의 마음속 예진이도 언제나 wonderful인 것 잊지 마.

2023. 11. 27

## 역지사지

오늘부터 다시 시작된 설명 시간. 하루가 피곤했던 엄마는 꾸벅꾸벅 졸았고 열정의 예진 선생님께 사과의 마음을 전했더니 이어진 너의 말 "한자선생님 마음이 이해가 되긴 했어요. 아! 오늘은 좀 더 심하게 말씀하셨어요. '이 새끼들아 그렇게 수업 안 들으면 대가리를 깨 버린다.'라고요." 으아~ 엄마는 마음속으로 내 머리를 잘 지켜야지라는 생각뿐. 하하하하.

'역지사지'

언제나 열심히 듣는 내 사랑 예진이이기를. 잘하고 있고, 지금 그대로 아름답고, 이대로 충분한 예진이니까 널 많이 사랑하는 엄마는 조용히 응원의 마음 보낸다.

2023. 11. 30

## 과정 속 성장하기

민규의 전교부회장 도전과 당선, 두 가지가 크게 감동이었어.

하나는, 이른 아침부터 나와서 목이 터져라 기호 1번 조민규를 응원하며 내 일처럼 열심히 선거를 돕던 10명의 친구들. 좋은 친구들이 많은 인복이 넘치는 우리 민규. 평소에 얼마나 크고 넓고 따뜻한 마음으로 친구들을 대했는지 알 수 있었어.

또 하나는 소견과 소감발표를 여러 번 쓰고, 고치고, 연설을 수없이 연습해보던 모습. 과정이 참 멋졌고 결과도 좋았던 선거.

민규 그거 알아? 선거 이후 민규는 이전의 민규가 아니라는 사실. 지금 민규는 전보다 당당하고 자신감 넘치는 눈빛으로 빛이 나고 있어. 부회장님 역할을 책임감 있게 끝까지 잘해낸다면 지금과는 또 다른 더 멋진 민규가 되어 있겠지.

우리 민규 해냈구나.

정말 축하해.

엄마도 이렇게나 좋은데 민규는 얼마나 좋으니.

---

2023. 12. 26

## 결국은 일상으로

 기말고사가 끝나면 엄마와 하루 논다는 계획. 기다리고 기다리던 날. 너와의 데이트 날. 팔짱 끼고 아트박스도 가고, 마트도 가고, 카페에 앉아서 엄마 고민도 나누던 참 즐겁던 하루. 그리고 엄마의 속상한 일 두 가지에 놀라운 예진이의 현명한 답.

 "어차피 괜찮아질 거라고 생각을 해 보세요. 저는 결국은 일상으로 돌아온다는 생각을 하면 마음이 편해지던데요." 그 무엇보다 힘이 되는 따뜻함이 느껴지던 말.(지금 일상으로 돌아옴) 고마워! 시험 끝날 땐 꼭 하루씩 놀자.

2023. 12. 26

# 가을
## 말은 흘러가도, 마음이 남은 가을

숨 가쁘게 달려온 날들을 지나, 바람이 달라졌음을 느낄 수 있었던 어느 가을 날. 나는 아이의 책상 서랍 안에서 책가방 속 편지들을 발견했다. 구겨지고 낡은 종이조차 곱게 펼쳐져 하나하나 보물처럼 소중하게 모아져 있는 모습에 조용히 멈춰 섰다. 그리고 피곤에 지쳐 잠든 내게 까치발로 다가와 이불을 덮어주던 아이, 주말이면 함께 동네를 걷다가 멈춰 서서 하늘을 찍던 아이, 아름다운 노을에 물든 들꽃의 이름을 궁금해 하던 아이들의 사랑스럽던 모습들이 하나 둘 떠올랐다.

말은 흘러가도, 마음은 남는다.

그저 흘러가 버렸을 거라 생각했던 말들이, 아이의 마음속에 천천히, 그리고 깊게 스며들어 있었나 보다고 생각하니 마음이 뭉클해졌다. 책가방 속 편지는 나의 하루이자, 아이의 하루였다. 같은 하늘을 바라보며 함께 웃던 날도 있었고, 흩어질 듯 위태롭던 마음을 편지 한 장으로 간신히 붙잡던 날도 있었지만 결국 믿게 되었다. 사랑은 계속 건네는 말이라는 것을. 조급하지 않아도 되고 서툴러도 괜찮다고 말이다. 그렇게 나는 '엄마'로, 아이들은 한 사람의 '어른'으로 조금씩, 천천히 여물어 가고 있었던 것이다. 화창한 가을 햇살 아래 느껴지는 그동안의 시간이 한없이 고맙게 느껴진다.

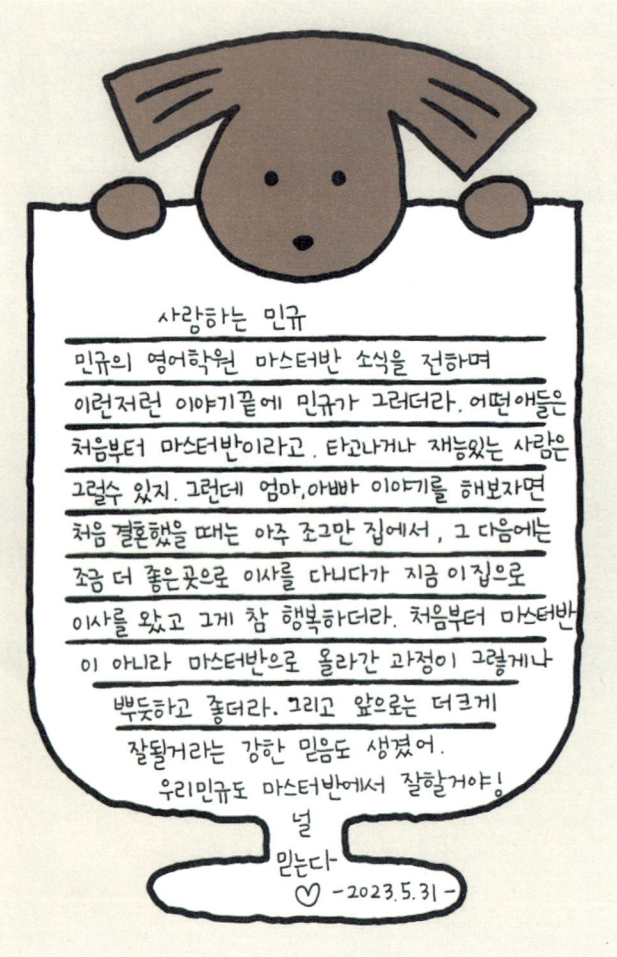

사랑하는 민규

민규의 영어학원 마스터반 소식을 전하며 이런저런 이야기 끝에 민규가 그러더라. 어떤 애들은 처음부터 마스터반이라고. 타고나거나 재능있는 사람은 그럴수 있지. 그런데 엄마,아빠 이야기를 해보자면 처음 결혼했을 때는 아주 조그만 집에서, 그 다음에는 조금 더 좋은 곳으로 이사를 다니다가 지금 이집으로 이사를 왔고 그게 참 행복하더라. 처음부터 마스터반이 아니라 마스터반으로 올라간 과정이 그렇게나 뿌듯하고 좋더라. 그리고 앞으로는 더크게 잘될거라는 강한 믿음도 생겼어.
우리민규도 마스터반에서 잘할거야!
널 믿는다
♡ -2023.5.31-

DEAR SOMEONE SPECIAL

사랑하는 예진

기말고사 기간이라고 잠 못자가며 열심히 공부하는
예진이를 보며 문득 든 생각.
네가 20살이 되어서 중학교 2학년 1학기
수학점수가 생각날까? 아닐거야.
아마, 치열하게 열심히 공부했었던 기억만 희미하게
남아있겠지. 노력의 경험말이야. 그 경험은 나중에
야근도 버틸수 있고, 과일 하나를 팔더라도
반짝반짝하게 닦아서 팔 수있는 원동력이지 않을까?
무슨일이든 열심히 하는 것이 중요한 것은 이렇게
우리 뇌가 결과보다 '경험'과 '과정'을 더
선명히 기억하고 어른이 되어서도 그대로
따라가게 되기 때문이란다.
2주 앞으로 다가온 시험
노력의 경험은 내사랑 예진이를 더 크게
성장시킬테니 기쁜마음으로 힘내렴!

- 2023. 7. 2 -

가을 편지  천천히 익어가는 열매처럼 깊어지는 시간

사랑하는 민규

우리 가족의 특별한 행사. 상을 받거나, 책한권이 끝나거나
백점을 맞으면 과자를 먹는 "축하파티"
민규가 아주 좋아하는 파티♡
민규야. 엄마가 가만보니까 인생이 우리집 파티과자들 같더라
여러가지 과자가 있고, 거기엔 좋아하는 것과 좋아하지 않는게
있잖아. 먼저 좋아하는 걸 먹어버리면 그 다음에는 그다지
좋아하지 않는 것만 남게되지. 그래서 엄마는 괴로운 일이
생기면 그렇게 생각해. 지금 이걸 겪어두면 나중에 편해진다고.
보통 사람들은 하기 쉬운 일부터 하고 그러다보면 하기싫은
일만 남고 뇌는 늘 그 사실을 인식해서 마음이
불편하고 찜찜해. 인생을 잘 살기 위해서는
하기 싫은 일부터 눈 딱 감고 후딱 해치워야 해. 실제 해보면
별거 아니야. 남는건 좋아하고 하기쉬운일. 인생을 잘 살아갈
민규에게 꼭 해주고 싶었던 말이구나  - 2023. 8. 24 -

사랑하는 예진

어제, 예진이와 초등학교 때
친구 이야기를 하며 문득 든 생각이 있어
험담이, 불량접착제인것 같다는 생각.
접착제 역할을 하지만 품질은 불량이다.
이게 무슨 의미냐면, 누군가와 제 삼자를 씹다보면
둘 사이에 공감대가 형성되면서 우정이 싹튼것
같은 기분이 들고 실제 둘 사이에는 친근감이
생기잖아. 그래서 접착제같은 역할을 하지만
그런식으로 친해진건 진정한 의미의 친함이
아닌거지. 사실 그 사람은 언제 다른 사람
앞에서 나를 욕할지는 모르는 일이니까
예진이 인생에는 「정품접착제」
우정만이 가득하길
바래본다.
-2023.8.24-

### 사랑하는 민규

민규가 며칠전 묻더라. 엄마는 꿈이 무엇이냐고
갑작스러운 질문에 대답을 얼버무렸기에
생각에 생각을 다시 다듬어보았어.
어릴때는 판사도 되고 싶었고, 인형공장 사장님도
되고 싶었고, 글잘쓰는 작가도 되고싶었고, 약사도
되고 싶었어. 많은 꿈들 중에 꼭 이루고 싶던
꿈은 정말정말 좋은엄마 '현모양처'가
되는 거였어.
이건 광범위하게 말하자면 자식에게는
큰 울타리가 되어주고 힘이 되어주고 믿음이
되어주는 것처럼 '나'라는 한 사람이 그렇게
큰 사람이 되어서 많은 사람들의 힘과
믿음이 되는 것. 늘 깨어있는 사람이고
좋은 습관을 몸에 담아 뭘해도 주위사람의
눈살 찌푸리지 않는 사람이 되고 싶은 것.
자유로운 사람이 되는 것이 엄마의 꿈이구나
  - 2023.9.11 -

DEAR SOMEONE SPECIAL

사랑하는 예진
아빠와 아침맨발걷기를 하다가
발견한 꽃한송이.
무척이나 꼿꼿이 서 있던 꽃한송이.
그 선명한 자태가 참 예뻐서 가까이
다가가 바라보게 되었는데 그 꽃은 아주
여리게 떨리고 있더라. 멀리 떨어져서
바라볼 때는 당당해보이고 분명해 보였는데
가까이 다가서보니 그 떨림은 무척이나
힘들어보이면서도 끝내는 이겨내고 말 기세였어.
우리도 이 꽃처럼 멀리서는 선명히
보일지 몰라도 가까이서는 매순간
떨리고 있을것이야. 그리고 그것이
우리의 삶이 아닌가하고 생각해
내사랑 예진꽃의 삶도 그렇겠지.
- 2023. 9. 11 -

사랑하는 민규

어제 축구테스트결과에 무슨위로를 해야할지
망설이다가 "성남FC는 보는눈이 너무 없어. 그치~"
라는 엄마의 말에 빙그레 웃던 민규. 그리고 이어진말
"엄마, 음바페엄마도 엄마처럼 말했어요. 음바페도
구단시험에 떨어진 적이 있는데 구단주에게 우리
아들 나중에 두고보라고 말했대요. 그리고 정말
나중에 1조원 계약을 했어요"
우와~~ 민규 위로해주려다 엄마가 멋져졌네
정말 멋진건! 우리 민규!
나중에 1조원의 사나이가 될 민규!
엄마는 언제나, 영원히, 민규의 응원단장할께
— 2023. 10. 18 —

사랑하는 민규

엄마전, 엄마에게 민규가 만들어준 '참을성상'
볼수록 아주 기분이 좋아
책읽기와 글쓰기를 미루고 싶을 때도,
청소와 빨래가 귀찮을 때도
운동을 오늘은 안하고 싶을 때도
화가 튀어나올 것 같을 때도
엄마 스스로 더욱! 바르고도 열심히 살도록
엄마를 일으켜 세우는 힘이 되는 참 멋진
메달이구나. 고마워 내사랑 민규 ♡

-2022.12.16-

"너희도 웃고, 엄마도 웃고, 서로 바라보며 웃고 있는 우리,
그렇게 매순간 우리는 따뜻해진다."

# 겨울 편지

고요한 눈 속,
따뜻해지는 우리들

## 상상 속의 두려움

민규와 함께 탔던 롯데월드의 놀이기구 오거스 후룸.

기차를 타고 꼭대기까지 올라갈 때가 가장 무섭고 두려웠다는 우리의 통했던 마음.

두려움이란 될 수 있으면 피하고 싶은 감정이지.

불안하고 예측할 수 없는 사건이 일어나는 미래에 대한 두려움은 특히 큰 것 같아. 특히 큰 두려움은 이성적 판단과 반비례하는 특징도 있어. 두려움이 클수록 이성적 판단이 흐려지기 마련이므로 늘 두려운 대상은 똑바로 바라보아야 해. 얼마나 큰놈인지 얼마나 센 놈인지 돌아서서 외면하는 동안 내 머릿속 상상에서 더 커지지 않도록 말이야.

내일은 2024년 시작이구나.

무슨 일이 일어날지 모르기에 두려울 수 있지만 그럴수록 더 똑바로 바라보는 한 해이기를.

2024년 민규 파이팅!

---

2023. 12. 31

# 도미노의 교훈

오늘 아침 전쟁!

방학 동안 너희들 깨우느라 출근 시간에 맘 졸이며 보낸 시간이 스쳐 지나가면서 매일 배운 것 설명하기도 안 하고 역할 나눈 집안일 미룬 것도 생각나고 엄마 몸도 아파서 이것저것 걸리기만 해봐라 식으로 화를 냈지. 그리고 민규와 함께 차를 타고 회사에 가는 도중 놀라운 민규의 말.

"엄마, 제가 며칠 전 영어 지문에서 읽었는데요. 도미노가 쓰러질 때, 마지막 도미노를 잡아봐야 이미 문제는 다 일어 난 거예요. 처음의 작은 문제를 잡는 게 중요해요. 그러니까 엄마도 우리가 잘못하면 그때 말해주세요. 오늘처럼 문제를 축적하지 말구요."

우와~ 민규 진짜 멋져. 배운 지문을 잘 기억하고 적재적소에

설득력 있게 이야기하는 능력. 우리 민규의 많은 능력 중 참 멋진 능력. 엄마도 변해봐야지 하고 마음먹게 하는 능력 가진 능력만큼이나 참 따뜻한 민규구나.

---

2024. 2. 28

## 행동이 예쁜 사람

예진이의 새 학년 새 학기. 일주일은 렌즈를 끼고 학교에 가야겠다는 말. 친구들이 무조건 예쁜 애들만 좋아한다는 말.

맞아! 처음에는 외모로 호감을 살 수 있지. 하지만, 작년 말에 네가 들려준 이야기처럼 나락과 인싸의 구분은 꼭 외모와 비례하는 건 아니더라. 그러고 보면 결국은 외모가 예쁜 사람이 대접받는 것이 아니라 행동이 예쁜 사람이 어디를 가든 환영받는 것 같구나.

- 💙 신발을 신고 나올 때 뒤따라 나오는 이의 신발을 신기 편한 방향으로 돌려놓는 사람.
- 💙 음식을 먹을 때 상대에게 먼저 건네는 사람.
- 💙 식당이나 카페에 갈 때 함께 온 사람이 편히 앉을 수 있도록 딱딱한 곳에 자신이 앉고 상대를 편한 의자에 앉게 하는 사람.

💕 장을 보고 짐을 들을 때 너무나도 당연히 자신이 더 무거운 것을 들으려 하는 사람

무조건 롱런!
우리 딸도 무조건 롱런!

---

2024. 3. 10

## 최선을 알아봐주기

퇴근길 맑은 하늘을 보니, 며칠 전 그날이 생각났어. 학부모회에서 어린이날행사로 준비한 팝콘과 음료 나누기 이벤트인 '팝꽃데이'

예쁘던 날씨도, 맛있었던 팝콘도, 활짝 웃던 아이들의 모습도 다 생생하지만, 가장 오래 기억에 남을 것 같은 건 "엄마가 제일 열심히 일하시던데요."라는 민규의 말.

우와~ 너무나 좋더라. 그걸 민규가 보고 칭찬해 주다니 앞으로도 그날처럼 무슨 일을 해도 최선을 다해야지 여러 번 생각하게 만들더라. 우리 민규도 그러길 바라. 민규가 최선을 다하는 건 엄마가 알아봐 줄게! 오늘 민규가 그랬던 것처럼.

2024. 5. 16

## 무료입장권 감사

 엄마에게 썬칩 과자를 주려고 다가오다가 씩 웃으며, 과자를 들고 가만히 있던 민규가 기다리던 건 "감사합니다."라는 말.

 감사. 우리는 더 많은 것에 감사할수록 더 깊은 생의 아름다움을 발견할 수 있어. 우리가 세상에 감사하고 놀라워하고 설레는 만큼 딱 그만큼만 세상은 우리에게 그 신비와 아름다움을 보여주거든.

 그래서 엄마는 감사가 무료입장권 같다는 생각을 했어. 사는 데 조금도 돈이 들지 않지만, 이 티켓만 있으면 이렇게 생의 모든 순간을 찬란한 기적으로 느낄 수 있는 마음의 눈이 생긴다는 것!

 감사합니다! 민규처럼 좋은 사람이 제 아들이에요!

2024. 5. 17

## 날 좋게만 바꾸는 사람

매일 네게 보내는 편지♡

너를 따뜻하게 하려고 쓴 편지가 오히려 쓰는 동안 날 따뜻하게 했고 너에게 예쁜 말을 많이 해주었더니 오히려 내가 예쁜 마음씨를 가지게 되었구나. 너에게 행복을 주려고 노력했는데 오히려 내 삶 가득 행복이 차오른 거지.

엄마에게 예진이는 이런 사람.
날 좋게만 바꾸는 소중한 사람.
소중한 우리 딸 많이 사랑한다.

2024. 5. 21

## best of best 우리 딸

오늘은 문득 옛 앨범의 사진들을 보며 추억에 잠겨서 가만 생각해봤어.

예진이 내 사랑 내 딸은 'Best of Best'이었구나. 앨범 속에서 살아 움직이는 너의 모습들 엄마의 기쁨이었고 엄마의 행복이었고 때론 참 좋은 선생님도 되는 나의 딸 예진이!

고마운 내 딸에게 행운이 끊어지지 않기를 바라는 마음 담아 행운을 빌어 본다.

---

2024. 5. 25

## 놀고 싶어!

어제 저녁 핸드폰 당장 밖에 내놓으라는 엄마의 말에 퉁명스러운 대꾸. 어디서 눈을 크게 뜨고 말하느냐고 화를 내며 네 방에서 나오니 민규가 그러더라.

"엄마, 누나랑 이야기도 하고 싶고 놀고 싶으신 거예요? 근데 누나가 방에만 있어서 지금 그러시는 거예요?" 앗…! 맞아 사실 엄마 너와 대화하고 싶었어. 네가 핸드폰이랑만 노니까 속상했어.

솔직하게 마음을 고백하자면 그거였어.

---

2024. 5. 30

## 사회자의 품격

오랜만에 음악회에 초대받아 다녀왔어. 떠들지 않고, 예의를 잘 지키는 조건의 초대. 가보니 사회자의 얼굴 표정이 온화하면서도 자신감이 느껴져 시작부터 기분이 좋아지더라. 어수선한 분위기를 차분하게 만들며 시작을 알리는 사회자. 목소리는 물론이고 말투까지 좋아서 모두를 집중하게 만들었고 그렇게 멋진 음악회가 진행되었지.

'위례 푸른 초등학교 등굣길 작은 음악회'
-사회자 조민규-

진행을 참 잘하던 조민규 사회자님
정말 멋졌어. 역시! 민규야!

2024. 5. 3

## 빛나는 별, 성실

어제 편지인 '결과와 준비'에 대한 이야기 중 "저요 빅 발리볼은 하나도 준비 안 했는데 정말 잘 했어요."라는 너의 말. 분명 다른 준비들이 도움이 되었을 거라는 생각에 우리가 함께 찾은 빅 발리볼을 잘하게 된 10가지 준비.

1. 배드민턴 - 라인 정확히 보기

2. 줄넘기 - 점프력

3. 수학 - 공의 낙하지점 계산

4. 달리기 - 스피드

5. 축구 - 공 다루기

6. 드럼 - 리듬감

7. 클라이밍 - 팔 힘

8. 수영 - 기초체력

9. 영어 - 낯선 사람을 빠르게 파악하는 데 도움되는 외국에서 모르는 사람과의 대화 연습

10. 여행 - 해변에서 비치발리볼 관찰

우와~ 언제나 무슨 일이든 일단 열심히 해보는 습관을 가져야 할 진짜 이유구나. 민규가 제일이야.

---

2024. 6. 13

## 고요한 기쁨

요즘 입맛이 없어 보이는 예진이. "김밥 먹을래? 아니요.", "사과 깎아줄까? 아니요.", "카프리제? 아니요.", "혹시! 키위 있어요?"

하하! 마트에 갔더니 글쎄 키위가 수박보다 더 크게 보이고 뉴질랜드에서 봤던 키위새처럼 뛰어다니는 것처럼도 보였어. 가장 예쁘고 맛있어 보이는 걸로 골라왔고 지금 키위를 맛있게 먹는 네 모습을 보니 엄마 마음속엔 향기가 가득해져 고요한 기쁨이 과일처럼 익어가는구나.

엄마의 기쁨 내 사랑 예진이. 건강한 음식 잘 챙겨먹으며 잘 자라길. 키가 157cm 된 것도 기쁨!

2024. 6. 13

## 좋은 운 부르는 얼굴

며칠 전, 서랍을 정리하다가 우연히 발견한 것. 예진이가 초등학교 3학년 때 만들어준 상장.

"웃는 얼굴이 예쁜 어머니상

우정아 님께서는 웃는 얼굴이 항상 예쁩니다. 예쁜 웃는 얼굴이 자꾸 생각나기 때문에 이 상장을 드립니다. 아주 많이 사랑하고 늘 감사합니다."

-조예진 드림-

우와~ 근사한 예진이. 어쩜 그런 생각을 했는지 보기만 해도 기분 좋고 생각만 해도 웃음 지어지는 상. 성공한 사람들만을 인터뷰하는 기자가 그들의 비슷한 점을 찾았는데 웃는 상이라는구나. 엄마는 그저 잘 웃기만 했는데 너희들 같이 좋은 아이들이 내 자식인 운 좋은 엄마. 오늘은 더 웃어야겠다.

하하. 하하하.

---

2024. 6. 20

## 집으로 돌아가는 길

어제의 민규. 8시 15분에 1등으로 학원을 탈출해서 함께 스타필드에 장보러 갔던 거 너무 재미있었어. 요즘 자주 1등으로 탈출하는 민규에게 이유를 물어보니 "집에 빨리 가고 싶어서요."라는 말과 함께 우리 집이 따뜻하고 참 좋다는 이야기.

"분위기도 편안하고요. 무엇보다 집에 가면 제가 대단한 일을 하고 돌아가는 것 같은 좋은 느낌이 들어요." 우와~ 민규가 우리 집에 대해 이런 느낌을 가지고 있다니 정말 감동이구나. 근데 사실, 우리 집 분위기는 민규 덕분에 늘 좋은 건데. 하하하♡

엄마도 좋은 분위기를 위해 좀 더 노력해야겠다고 결심한 하루구나.

기특한 조 신사.

2024. 7. 1

## 자유롭게 날길!

예진이의 애착 인형 곰돌이 리락쿠마.

리락은 영어로 'Relax'의 일본식 발음 리락쿠스에서 온 것이고 쿠마는 곰이라는 뜻이래. 이야기를 전해주니 까악! 어쩜 이름의 뜻도 이렇게 예쁘냐며 소리 지르던 예진이. 곰돌이를 바라만 보고 있어도 'Relax' 되는 듯 보이는 예진이! 떠올리는 것만으로도 몸이 흐물흐물해지면서 리락쿠마의 생활방식대로 눕고 뒹굴고 낮잠 자고 싶어지는 유유자적 리락쿠마.

리락쿠마가 이렇게 전해 달래. "예진아! 난 네가 자유롭게 날 수 있도록 응원해 가끔 힘들 때 편히 쉴 수 있도록 쉼터가 되어 줄게. 네가 행복할 수 있으면 난 그것으로 충분히 기뻐." 엄마도 리락쿠마와 같은 마음이구나.

2024. 8. 16

## 믿음의 깊이

어제 누나에게 벌어진 사건 이야기를 유심히 듣던 민규.

"그런데 엄마 그 말을 전한 사람이 누구예요?"라고 묻더니 "아 그 이야기는 온전히 믿을 수는 없어요. 사실인지 아닌지 엄마가 다시 확인해 봐야겠는데요."라는 말. 확인해 보니 민규 말이 맞았고 놀란 엄마가 민규는 '눈치'가 너무 빠르다고 하니 엄마 마음을 찡하게 울리던 말.

"눈치보다는 믿음이라고 하는 게 맞겠어요. 누나는 평소와 달라진 게 없고 흐트러짐도 없잖아요. 그리고 설령 그게 맞다 해도 누나는 알아서 다 잘할 거라는 믿음이요." 우리 민규는 정말 감동이야. 늘 엄마에게 깊은 깨달음을 주는 멋진 아들.

엄마 다짐했어. 엄마도 너희들을 그만큼 믿어 주리라고 말이야. 민규의 믿음 딱! 그만큼 말이야. 그리고 엄마의 믿음만큼 민규는 얼마 남지 않은 6학년 2학기 생활을 흐트러짐 없이 잘해 내리라 믿는다.

2024. 8. 21

## 미소와 인생

예진이의 중학교 졸업앨범.

제일 환하게 웃던 사진을 예진이는 아주 마음에 들어 하지 않았지만, 엄마는 그 사진이 제일 좋더라. 예진이의 앞으로의 멋진 인생을 보여주는 것만 같던 그 사진.

밀스 추적 연구

밀스 대학교를 졸업한 110명을 대상으로 이들의 인생을 50년간 추적 관찰한 것. 졸업사진에서 더 따뜻하고 뚜렷한 미소를 보인 사람일수록 이후 30년 동안 내내 좀 더 안정적인 심리상태를 유지했다는 결과. 집중력도 높았고 보다 목표 지향적인 삶을 살았고 인간관계에 있어서도 더 많은 유대감을 경험했고 삶의 만족도도 높았다. 미소 짓는 동안 우리의 대뇌에서는 목표 지향적인 활동을 하도록 하는 영역이 활성화된다. 다른 사람의 미소를 보는 것만으로도 뇌에서는 도파민이 분비되어 잘 웃는 상대에게 좀 더 쉽게 다가가고 싶은 마음이 생긴다. 결국, 미소는 나와 상대방의 마음을 모두 말랑말랑하게 해주어 새로운 도전을 가능하게 하는 거지.

아! 우리 딸 생각만으로도 엄마 마음은 언제나 말랑말랑.

2024. 8. 30

## 운동회에서 발견한 보물

 오늘은 내 사랑 민규의 마지막 초등학교 운동회. 많이 신나고 재미있던 운동회. 그리고 엄마는 이번 운동회에서 민규의 행동 세 가지를 인상 깊게 봤어.

 첫째, 팔이 부러진 부상에도 매 경기 최선을 다하는 것.
 둘째, 새로운 경기가 시작되면 다른 친구들이 하는 걸 아주 유심히 관찰한 후, 주변 친구들과 대화를 통해 전략을 세우는 것.
 마지막은, 달리기 계주 경기에서 마지막 주자가 테이프를 끊으며 들어와 승리를 만끽하며 서로를 얼싸안는 장면을 생생하게 꿈꾸고 이루어 낸 것.

 오늘 민규를 보니 이제 무슨 일이든 안심하고 맡길 수 있겠다고 생각했지.

청팀의 멋진 우승!

다시 한 번 진심으로 축하한다.

---

2024. 10. 18

## 우리 집이 화목한 비밀

- 💗 예쁘게 완성된 민규의 미술 숙제인 판다 자수. 그리고 숨겨진 비밀. 어제 밤 자수를 가만히 바라보던 예진이 "어? 여기 두 바늘땀이 비어 있는데요?"라며 조용히 빨간 실을 채워 넣어주던 참 따뜻한 누나.
- 💗 어제 예진이가 건네어 주던 십만 원. "아빠랑 나눠서 쓰세요."라며 "아무 날도 아닌데 이거를 왜?"라고 묻자 "엄마랑 아빠 나눠서 쓰세요. 요즘 아빠 회사도 힘들어 보이고 두 분 다 늘 열심히 지내시는 거 알고 있어요."

우와~ 우리 집은 예진이 덕분에 이렇게나 화목하고 즐겁구나. 고마운 울 딸을 위해 엄마가 준비한 빼빼로데이 선물은 예진이가 좋아하는 기다란 초코 휘낭시에 두 개♡

2024. 11. 11

## 수많은 반듯한 선

 오늘 아침에, 민규가 연습한 글씨 책을 보자마자 엄마가 한 말. "민규야 여기 삐뚤거려.", "아, 저 그래도 열심히 했어요."라며 시무룩해진 민규. 그렇게 민규가 학교 간 후 다시 보니 세상에~

 삐뚤거리는 선은 두 개뿐이고 수많은 나머지 선은 반듯하더라. 아이고 부족한 것만 바라보는 엄마의 시선 틈에서 우리 아들 얼마나 힘들었을까… 하지만! 엄마가 또 민규처럼 긍정적으로 생각을 잘 하니깐 하나도 늦지 않았지.

 그럼그럼.
 지금부터 수많은 반듯한 선만 바라보면 되는 거야.
 엄마까지 성장시키는 훌륭한 민규의 바르고 반듯한 선만 바라보면 되는 거야.

2024. 12. 6

## 나이만큼의 좋은 점

2025년 1월 16일. 오늘은 내 사랑 민규의 14번째 생일!
매년 그랬듯이 나이만큼 좋은 점 찾기.

1. 따뜻한 마음이 있어 가족과 친구 누구와도 관계가 좋다.
2. 하하 하하하 크게 잘 웃는다.
3. 판단이 정확하고 현명하다.
4. 모르는 문제를 끝까지 푼다.
5. 계획을 세우고 잘 지킨다.
6. 긍정적이고 유머가 있다.
7. 말한 것의 열 배쯤 잘 듣는다.
8. 운동을 좋아하고 즐길 줄 안다.
9. 남 욕을 하지 않는다.
10. 누구에게나 좋은 점을 발견하고 배우려 한다.
11. 자세가 바르다.
12. 약속을 잘 지키고 부지런하다.

13. 양심의 소리를 소중히 생각한다.

14. 매사 신중하고 차분하다.

이것이야말로 세상에 유일무이 하나뿐인 민규가 진짜 보물들이구나. 민규의 14번째 생일을 진심으로 축하해. 올해는 생일 파티는 오징어 게임 콘셉트로 멋지게 준비해볼게. 기대해도 좋아.

---

2025. 1. 16

## 도움 주고 싶은 사람

 엄마로서의 내 꿈은 내 아이가 내 눈에만, 집안에서만 사랑스러운 아이로 기억되지 않는 것이야. 피 한 방울 안 섞인 남의 눈에도 기특하고 사랑스럽기를 바라고 이해관계가 첨예하게 오가는 집 밖에서도 먼저 챙겨주고 싶고 도움을 주고 싶은 사람이기를 간절히 바라본다.

2025. 2. 23

# 오늘이 오래 기억될 이유

 지난 주말, 고등학교 내신 걱정에 전학 가고 싶다며 우는 누나 옆에서 따라 울던 엄마. 잘 할 거니 걱정 말라는 흔한 위로의 말 대신 "엄마. 같이 등산가요."라는 민규만의 민규다운 제안. 그리고 등산길에 만난 아름다운 꽃들과 딱따구리 새소리와 신기한 모양의 나무와 돌들. 정상에서의 맛있던 식사.

 '기억하는 가장 좋은 방법은 감동 받는 것' 민규 덕분에 마음 가득 감동이 차오른 오늘.

 오늘… 아주 오래오래 기억날 것 같아. 고마워. 많이 고마워!

---

2025. 3. 10

## 감동으로 저물어 가는 오늘

독감으로 많이 아팠던 민규와 함께한 이틀. 그리고 기억 남는 두 가지 일들.

하나는 병원 가는 길 차안에서 힘없이 지그시 눈을 감고 있던 민규의 말. "엄마. 봄이 왔어요.", "어디?", "저기요. 땅에서 새싹이 올라오고 있잖아요."

계절의 변화를 잘 느끼고 콧노래도 자주 부르는 우리 민규는 '행복함'을 아는 멋진 사람. 또 하나는 병원에서 수액 맞고 나올 때, 민규처럼 반듯하게 개놓은 이불. 민규의 좋은 태도! 오늘도 이것들이 쌓여서 조민규가 되어 가는구나.

오늘도 이렇게 저물어 가는구나.
민규 다운 모습에 엄마는 오늘도 감동을 느끼며 이렇게······.

2025. 3. 26

## 끈기, 신용, 배려 왕

매일 돌아오는 민규의 배움 설명시간. 오늘은 적은 것일수록 가치는 올라간다는 '별과 돌'에 관한 국어시간의 시 설명이었어. 역시! 설명 잘하는 우리 민규! 그렇다면 많이 있어도 가치가 떨어지지 않는 것이 있을까? 엄마는 오늘 세 가지나 발견했지 모야♡

하나는, 영어단어 암기 어플리케이션 '말해보카'를 지금까지 했는데 아까운 마음이 들어서 계속하게 된다는 끈기 왕 민규!
또 하나는, 친구들에게 돈을 바로 갚는 것. 신용왕 민규!
마지막은, 무거운 사과박스를 대신 옮겨주는 것. 배려왕 민규!

가치 있는 것들 잘 지키며 멋진 어른으로 자라기를 마음 담아본다.

2025. 3. 30

## 설레는 오늘

 어제 밤, 자기 전에 "내일은 6시 반에 음악코드 연습이라고 말하며 깨워주세요."라는 예진이. 오늘 아침 정말로 벌떡 일어나더라. 우와~ 잘했어, 잘했어!

 엄마는 요즘 6시가 되면, 어떤 날은 5시가 되기도 전에 눈이 떠지는 거야. 그 이유가 뭘 까 가끔 생각했는데 오늘 책을 읽다 발견한 문구가 이유였어. "왜 일찍 일어나느냐 하면 그날 할 일이 즐거워서 기대와 흥분으로 마음이 설레기 때문이다."라는 한국의 대표기업 현대의 창업주 정주영 회장님의 말씀이 딱이구나.

 사실 엄마 요즘 출판 준비로, 기대감에 너무 설레거든. 평생에 단 하루 오늘 설렘! 마음이 설레는 오늘. 오늘도 최선을 다해 지내볼게!

2025. 4. 8

# 겨울
## 꽃물들이듯, 아이와 함께하는 겨울

첫눈이 내릴 때까지 빠알간 봉선화 꽃물이 손톱에 남아 있으면 소원이 이루어진다는 이야기를 친구에게 듣고, 봉선화를 키워보기로 마음먹었던 어린 날의 내가 떠오른다. 직접 씨앗을 고르고 집 마당 한쪽에 심은 뒤, 하루하루 기다리며 바라보았다. "고맙다"는 말을 들으면 식물이 더 잘 자란다는 과학 수업을 들은 날부터는, 꽃 앞에 서서 조용히 인사를 건네곤 했다.

개미가 씨앗을 물고 갈까 걱정하던 날도 있었고, 너무 많은 사랑은 오히려 뿌리를 상하게 할까 봐 적당한 물과 햇빛을 조절하며 조심스럽게 마음을 쏟았던 기억도 있다. 분홍빛 꽃이 드디어 피어나기 시작했을 땐 기쁨만큼이나 누군가 꺾어갈까 조

마조마했던 순간도 떠오른다. 지금 돌이켜보면, 그 모든 시간은 육아의 여정과 참 많이 닮아 있다.

봉선화를 키우듯 아이를 키운다는 것.

정성껏 키운 꽃을 따 백반을 찧어 넣고, 하룻밤 손톱을 동여매 물을 들였다. 곱게 물든 손톱을 들여다보며 한없이 행복했던 기억이 난다. 손톱이 자라는 속도를 애써 늦추려 하며 첫눈이 내릴 때까지 그 빛이 지워지지 않기를 바랐고, 마침내 하얀 눈이 내리던 어느 날, 조심스레 소원을 빌었다. 그 마음 그대로, 눈처럼 하얀 종이 위에 한 자 한 자 마음을 눌러 담은 편지를 썼고 하얀 눈 위에 남겨진 아이의 첫 발자국처럼 남겨졌다. 눈에 보이지 않지만, 땅속의 씨앗은 방향을 잃지 않고 자라고 있고 나무는 봄을 준비하며 깊은 곳에 물을 저장한 채 묵묵히 겨울을 견디고 있다. 나도, 아이들도 그런 겨울을 지나며 또다시 새로운 계절을 기쁘게 기다리며 꿈꾸어 본다….

사랑하는 민규

오늘 아침전쟁
방학동안 너희들 깨우느라 출근시간에 맘 졸이며
보낸 시간이 스쳐지나가면서, 설명안한 것도,
미루기도 생각나고, 몸도 아팠고, 이것저것
걸리기만 해봐라식으로 화를 냈지.
그리고 민규와 같이 차타고 회사에 가는 도중
놀라운 민규의 말
"엄마, 제가 며칠전 영어지문에서 읽었는데요
도미노가 쓰러질때, 마지막 도미노를 잡아봐야
이미 문제는 다 일어난거예요. 처음의 작은 문제를
잡는게 중요해요. 그러니까, 엄마도. 우리가 잘못하면
그 때 말해주세요. 오늘처럼 문제를 축적하지 말구요"
우와~~ 민규진짜 멋져. 배운지문을 잘 기억하고
적재적소, 설득력있게 이야기하는 능력. 우리민규의
많은 능력중 참 멋진 능력. 엄마도 변해봐야지하고
마음먹게 하는 능력. 가진 능력만큼 따뜻한 민규
민규     - 2024. 2. 28 -

사랑하는 예진

예진이의 새학년 새학기.
일주일은 렌즈를 끼고 학교에 가야겠다는 말.
친구들이 무조건 예쁜 애들만 좋아하고 친해지려
한다는 말 맞아. 처음에는 외모로 호감을 살수있어
하지만, 작년말에 네가 들려준 나라과 인싸아이들은
외모와 비례하진 않더라.
그러고 보면 결국은 외모가 예쁜 사람이 대접 받는것이
아니라 행동이 예쁜 사람이 어디를 가든 환영받는것
같구나.
- 신발을 신고 나올때 뒤따라 나오는 이의 신발을
  신기 편한 방향으로 돌려놓는 사람
- 음식을 먹을 때 상대에게 먼저 건네는 사람
- 식당이나 카페에 갈때 함께 온 사람이 편히
  앉을수 있도록 딱딱한 곳에 자신이 앉고 상대를
  편한 의자에 앉게하는 사람
- 장을 보고 짐을 들 때 너무도
  당연히 자신이 더 무거운 것을 들으려
  하는 사람. 무조건 롱런이구나!
  - 2024. 3. 10 -

겨울 편지  고요한 눈 속, 따뜻해지는 우리들

### 사랑하는 민규

어제 편지인 '결과와 준비'에 대한 이야기 중
"저요, 빅발리볼은 하나도 준비안했는데 정말
잘했어요"라는 민규의 말. 다른 준비들이 도움이
되었을거라는 생각에 우리가 함께 찾은
"빅발리볼을 잘 하게 된 10가지 준비"

1. 배드민턴 - 라인 정확히 보기
2. 줄넘기  - 점프력
3. 수학    - 공의 낙하지점 계산
4. 달리기  - 스피드
5. 축구    - 공 다루기
6. 드럼    - 리듬감
7. 클라이밍 - 팔 힘
8. 수영    - 기초체력
9. 영어    - 외국에서 모르는 사람과의 대화연습이
              낯선 사람의 파악을 빠르게 해줌
10. 여행   - 해변에서 비치발리볼 관찰

우와~~ 언제나. 무슨일이든 성실해야 하는 이유발견!
민규가 제일이야 ♡        - 2024. 6. 13 -

사랑하는 예진

며칠전. 서랍을 정리하다가 우연히 발견한
상장. 예진이가 초등학교 3학년때 만들어준 상장.

「  웃는 얼굴이 예쁜 어머니상
  우정아님께서는 웃는 얼굴이 항상 예쁩니다
  예쁜 웃는얼굴이 자꾸 생각나기 때문에
  이 상장을 드립니다. 아주 많이 사랑하고
  늘 감사합니다    -조예진드림- 」

우와~ 근사한 예진이. 어쩜 그런 생각을
했는지. 보기만 해도 기분좋은 상
생각만해도 웃음지어지는 상
성공한 사람들을 인터뷰하는 기자가

그들의 비슷한 점을 찾았는데
'웃는상' 이라는 구나. 엄마는 성공 ♡
잘 웃기만 했는데 예진이. 민규같이
좋은 아이들이 내자식이라니. 오늘은 더 웃어야지 :)

-2024.6.20-

☺  사랑하는 민규

우와~ 어제 민규. 8시 15분. 1등으로 학원탈출해서 함께 스타필드에 장보러 갔던거 너무 잼있었어. 요즘, 자주 1등탈출. 열심히 하는 민규. 이유를 물어보니
"집에 빨리 가고 싶어서요" 라는 말과 함께 우리집이 따뜻하고 참 좋다는 이야기. "분위기도 편안하고요. 무엇보다 집에 가면 제가 대단한 일을 하고 돌아가는것 같은 느낌이 들어요" 우와~ 민규가 우리집에 대해 이런 느낌을 가지고 있다니 정말 감동이구나. 사실. 우리집분위기는 민규덕분에 늘 좋은건데♡ 엄마도 좋은 집 분위기를 위해 더욱 노력해야 겠다고 결심한 하루구나. 기특한 조신사. 사랑한데이

- 2024. 7. 1 -

사랑하는 민규

오늘 아침, 민규가 연습한 글씨책을 보자마자
한 엄마의 말. "민규야, 여기 삐뚤거려"
"아~ 저 그래도 열심히 했어요"라며 시무룩해진 민규
그렇게 민규가 학교간후 다시보니, 세상에~
삐뚤거리는 선은 2개뿐. 수많은 나머지선은 반듯했어
부족한 것만 바라보는 엄마의 시선 틈에서
우리 아들 얼마나 힘들었을까 싶구나.
하지만! 엄마가 또 민규닮아서 긍정적이잖아
늦지 않았어. 오늘부터! 엄마는 이제 수많은
반듯한 선만 바라볼께. 엄마까지 성장시키는
우리민규. 훌륭한 민규의 반듯한 선만 바라볼께

-2024.12.6-

사랑하는 민규

독감으로 많이 아팠던 민규와 함께한 이틀!
그리고 기억남는 두가지 일들.
하나는 병원가는 길 차안에서 힘없이 지그시
눈을 감고 있던 민규의 말.
"엄마, 봄이 왔어요" "어디?" "저기요. 땅에서 새싹이
올라오고 있잖아요" 계절의 변화를 잘 느끼고
콧노래도 자주 부르는 우리민규는 '행복'함을 아는 멋진 사람
또 하나는 병원에서 수액맞고 나올 때. 민규처럼
반듯이 개어진 이불. 민규의 좋은 태도!
오늘도 이것들이 쌓여서 '조민규'가 되어가는구나
　　오늘도 이렇게 저물어가는구나
　민규다움에 오늘도 엄마는 감동을 느끼며
이렇게 .....

　　　　　　　　　　- 2025. 3. 26 -

사랑하는 예진

어제 밤, 자기전에 "내일은 6시반에 '음악코드연습'이라고 말하며 깨워주세요" 라는 예진이. 오늘아침 정말로 벌떡 일어나더라. 우와~ 잘했어 잘했어!

엄마는 요즘 6시가 되면, 어떤 날은 5시가 되기도 전에
🅰 눈이 떠지는 거야. 그 이유가 뭘까 가끔 생각했었는데
🅱 오늘 책을 읽다 발견한 문구가 이유였어.
🆑 「왜 일찍 일어나느냐 하면 그날 할일이 즐거워서 기대와 흥분으로 마음이 설레기 때문이다」라는 한국의 대표기업 현대의 창업주 정주영회장님의 말씀이 딱이더라. 엄마 요즘 출판준비로, 기대감에 너무 설레거든. 평생에 단 하루 오늘 마음이 설레는 오늘. 오늘도 최선을 다해 지내보자꾸나   - 2025. 4. 8 -

설레임!